Familia

CON DISCIPLINA POSITIVA

Formación integral de hábitos saludables

Eduardo Aguilar Kubli

árbol
EDITORIAL

Coordinación editorial
Gilda Moreno Manzur

Diseño y coordinación gráfica
María Guadalupe Pacheco Marcos

Diagramación
Abraham Menes Núñez

Ilustraciones
Alma Rosa Pacheco Marcos
Griselda Pacheco Marcos

Servicio a escuelas e instituciones en todo el país
Capacitación para maestros y facilitadores del programa
Asesoría continua durante la implementación

Kubli y Asociados, S.A. de C.V.
Dirección General
Paseo Provenzal 3611-A
Col. Lomas del Paseo
Monterrey, Nuevo León
CP 64925
Tels.: (0181) 8349-7627 • 8365-8929
Fax: (0181) 8349-9384
www.kubli.com

Árbol Editorial, S.A. de C.V.
Ave. Cuauhtémoc 1430
Col. Sta. Cruz Atoyac
México, D.F.
CP 03310
Tel.: 5605-7677
Fax: 5605-7600
arbol@arboleditorial.com

© 2015 Árbol Editorial, S.A. de C.V.
Ave. Cuauhtémoc 1430
Col. Sta. Cruz Atoyac
México, D.F. CP 03310
Tel.: 5605-7677 Fax: 5605-7600
arbol@arboleditorial.com

ISBN Familias con disciplina positiva:
978-607-7803-10-2
Impreso en México/ Printed in Mexico

Este libro está dedicado a todos
los padres de familia y líderes
formativos de los niños y niñas.

Eduardo Aguilar Kubli

Prólogo

Querido padre, madre de familia o tutor:

En la disciplina con la que educamos a nuestros hijos están presentes nuestra experiencia, amor y dedicación. En esta área tan importante habremos de invertir todos nuestros recursos, atención, conocimientos y prácticas, e incluso podría decirse que obtener buenos resultados es la única opción. Los beneficios del éxito en la disciplina aplican para todos: la sociedad, el país, los padres y madres de familia y, desde luego, los niños, niñas y jóvenes.[1]

Es fundamental que la formación de un hábito sea una fiesta de aprendizaje y no un proceso de dolor que genere distanciamiento o rompa los hilos sagrados de la relación familiar. Cuando encontramos casos destructivos en este núcleo sabemos que se han atropellado diversos principios cubiertos por la psicología de aprendizaje, y esto no tiene por qué suceder.

Ahora la sociedad da la vuelta a la página y se compromete a que el amor se desarrolle y se otorgue ya con hechos congruentes, resultados explosivos del potencial humano, y celebraciones gozosas del cambio y la superación. Si educar es nuestra misión, lo ideal es que ésta se convierta en un proceso digno, alegre, inteligente, informado y especial.

Las interacciones entre nosotros y nuestros hijos implican algo mucho más profundo de lo que creemos y el objetivo de este libro es acompañarles con visiones informadas de la psicología positiva del aprendizaje dentro de un modelo de calidad humana. Esto les permitirá recoger buenos frutos, y, a la vez, asombrarse y disfrutar un orden en el aprendizaje que beneficie a sus hijos y el clima familiar.

¡Empezamos!

Jeka

---

1 Deseo aclarar que en este libro usaremos indistintamente los términos padre o madre de familia, papá o mamá, hijo o hija y niño o niña, para hablar de ambos.

Introducción

Con frecuencia los papás tienen dudas sobre qué medidas y reglas de disciplina deben o no aplicar para que el comportamiento de sus hijos ayude al cumplimiento de sus expectativas y a su satisfacción.

Si bien ningún ser humano viene al mundo con un "manual de instrucciones" que guíe su conducta y la haga previsible como la operación de una máquina, sí existen conocimientos y avances en materia de psicología del aprendizaje y psicología positiva que garantizan mejores resultados y orientan más atinadamente en el difícil camino de la educación.

Precisamente, el motivo de este libro es guiarte a ti, madre, padre de familia o tutor, en el área de la disciplina, en la formación de hábitos y conductas que eliges como saludables y que es muy importante dejar bien establecidos en el armario de competencias efectivas de tus hijos.

Resulta irónico que, aun cuando los papás tengan las mejores intenciones, a veces acaban atropellando con su forma de disciplinar. Con más frecuencia de la admisible, el entorno familiar se vuelve un escenario de gritos, regaños y amenazas, lo que a la larga afecta su proceso de comunicación e integración, los hijos aprenden a no escuchar, se guardan resentimientos que después causan turbulencias y los papás no se sienten bien consigo mismos.

Este tipo de casos ya no debe ocurrir. Si desarrollamos estrategias para disciplinar y tratar a nuestros hijos positivamente en su etapa de formación, podremos mantener intacta la relación afectiva y satisfactoria de la familia, y, al mismo tiempo, cumplir con los aspectos de enseñanza-aprendizaje de hábitos que no podemos dejar pasar o a los que no podemos renunciar (aseo, nutrición, aprendizaje y rendimiento escolar, relaciones sociales, orden, entre otros).

Esa es la misión de este libro: asegurar que seas capaz de disciplinar y formar hábitos, así como brindar el espacio adecuado para gozar las preciosas relaciones familiares. Esto implica conocer y practicar algunas recomendaciones que aquí presentaremos.

Hay consenso: se requieren padres con disciplina positiva

En general se acepta que la educación autoritaria no es el camino ideal en la convivencia familiar. Educar usando reglas insensibles o irracionales y con base en el temor, quizá restrinja algunas acciones de nuestros hijos, pero en realidad crea para ellos más problemas que soluciones. La razón principal es que al advertir y señalar caminos atendiendo a la necesidad de los padres de un cumplimiento, muchas veces no se toman en cuenta lo que realmente requieren los hijos. Esto genera un choque que ahoga muchos problemas reales, pero sin eliminarlos o solucionarlos genuinamente. Tarde o temprano, todo lo que nuble el entendimiento arroja malos resultados.

Por otro lado, tampoco funciona el entorno educativo que implique ausencia de reglas. Sería el extremo opuesto: dejar que los hijos hagan lo que quieran sin considerar que no tienen la experiencia para saber elegir con una visión de mediano o largo plazo. Esto provoca el caos y problemas serios de formación.

Como todo ser humano, desde pequeños los hijos buscan el placer y procuran evitar el esfuerzo, por lo que su lucha natural, primero con actitudes y después con argumentos, será convencernos de que "puedo hacer la tarea al final del día, después me lavo los dientes, estudio o leo; mejor veo la tele que hacer ejercicio y bañarme... ¡nooo!". Ésta es la tendencia que puede esperarse de ellos. Así, en muchos casos, la mamá, que suele estar más presente en la disciplina cotidiana, tiene que ser una especie de "policía" que continuamente corrige, guía y reprende, dando la sensación de "estar encima de ellos" en su intento de formarlos. Este papel de "mamá ogro" es el que menos desea asumir. Aunque en realidad lo que quiere es estar feliz con sus hijos, todos los días vive ese "estira y afloje".

En este módulo de la serie "Familias", tú, papá, mamá o tutor, aprenderás conceptos y estrategias para que la función de la disciplina se cumpla, pero de manera positiva. En los módulos anteriores analizamos muchas fórmulas valiosas para mantener un ambiente familiar propositivo y constructivo. Ahora, hay que añadir esta pieza más, la de cómo formar, de manera efectiva y saludable, hábitos saludables y permanentes, y al mismo tiempo ser padres positivos, sin generar miedo o ausencia de autoridad que deja a la deriva. ¡No más ogros, sin renunciar a los logros!

Capítulo 1

¿Qué significa disciplina?
Aciertos y errores

*El amor es mucho más
importante que las estrellas
del universo que lo visten.*
Jeka

La disciplina: ¿qué es?

Las madres, padres y tutores somos todos, sabiéndolo o no, entrenadores de nuestros hijos. Lo que hacemos y dejamos de hacer impacta en los hábitos que adoptarán en su vida. Esto nos brinda la preciada oportunidad de dejarles una gran herencia, romper círculos viciosos de aprendizaje y no repetir las historias de dolorosos aprendizajes que nosotros mismos tuvimos al ser educados como hijos.

Es necesario diseñar entrenamientos de éxito en todo el sentido de la palabra y en el contexto de la calidad humana. Desarrollar en ellos hábitos para que se mantengan saludables, felices y con los mejores niveles de rendimiento y ampliación de sus propios talentos.

> **La disciplina se define como:**
>
> El entrenamiento que se diseña para establecer hábitos deseables de mentalidad y comportamiento.
>
> *American Psychological Association (APA)*

Éste deberá ser el centro de atención en nuestra función de educadores efectivos. Más allá del amor que sintamos y los abrazos que les brindemos, necesitamos alcanzar resultados en su bienestar real. El reto, que no es menor, nos obliga a crecer también como padres, gracias a ellos. A la vez, habremos de considerar sus capacidades en los tres niveles que se plantean: felicidad, salud y rendimiento, abriendo nuestra mente y esfuerzo para lograr que éstos también sean parte de cada uno de nosotros.

Como vimos en módulos anteriores, hijos optimistas requieren papás optimistas, hijos con autoestima necesitan papás que se valoren, hijos con comunicación deberán tener papás que sepan comunicarse, etcétera.

Para lograr estos objetivos, muchas veces tenemos que romper con modelos anteriores y obtener una nueva visión. Sin embargo, vale la pena la transformación y las satisfacciones grandes sin duda se recogerán cada día hasta el final. (Consulta la figura de la página siguiente.)

Figura 1. Padres positivos y efectivos

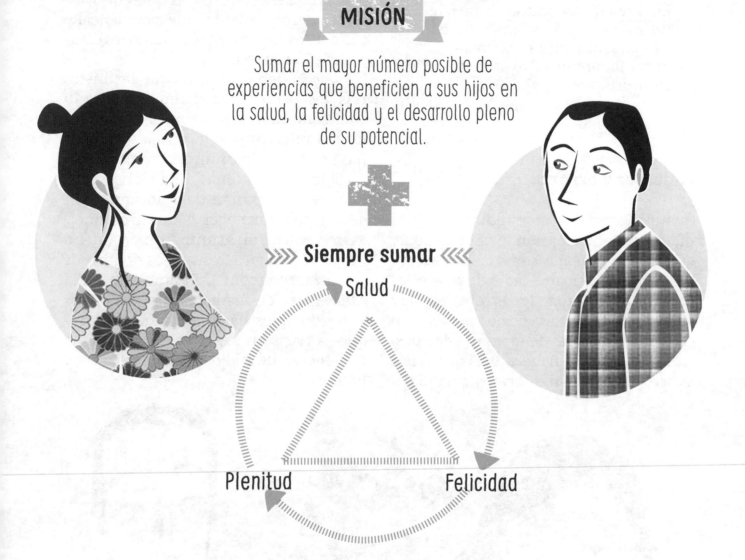

MISIÓN

Sumar el mayor número posible de experiencias que beneficien a sus hijos en la salud, la felicidad y el desarrollo pleno de su potencial.

➕

⟫⟫ **Siempre sumar** ⟪⟪

Salud

Plenitud   Felicidad

Efectos perdurables = unidad familiar y salud emocional de todos sus miembros

Métodos disponibles

- Reglas positivas, consistencia y claridad de metas
- Retroalimentación y evaluación constantes
- Planes de desarrollo para cada hijo
- Señalización del camino

- Entorno de calidad humana
- Módulos 1, 2, 3, 4, 5, 6, etc.
- Libro *Sácate un 10 educando a tus hijos*, del mismo autor, Editorial Pax México.

Padres positivos y efectivos

La tarea de ser padres tiene páginas hermosas y más lo serán si nos preparamos para redactarlas apropiadamente. No es fácil, pero siempre vale la pena.

JEKA

Aciertos y errores

Cuando los padres no estudian sobre los métodos de formación y simplemente entrenan a sus hijos como a ellos los entrenaron, las probabilidades de repetir los aciertos y perpetuar los errores es muy alta. Si bien la mayoría de nosotros obtuvo cantidades diversas de sabiduría de nuestros padres por la manera en la que se nos educó, también hubo errores que no debemos repetir por sus consecuencias y las dificultades que crean. Esto requiere análisis y conciencia, prácticas diferentes, así como apertura mental a la experiencia y a lo que los especialistas en todos los campos pueden sugerirnos.

Vale la pena prevenir que las historias decepcionantes se repitan, para lo cual contamos con un margen de maniobra muy amplio y colmado de buenas posibilidades, nunca como ahora.

Si tenemos buenas intenciones, pero éstas se acompañan de ignorancia, podemos sobreproteger a nuestros hijos, desmotivarlos en asuntos importantes o incluso conseguir resultados dolorosos y contraproducentes. El amor sin duda existe, pero en los hechos se pasan por alto principios básicos, lo que nos conduce a crisis en lugar de desarrollo y a la creación de mejores competencias y hábitos.

Diferenciando aciertos y errores

Acierto	Error
Decir a nuestros hijos cuáles son los comportamientos específicos que deseamos que muestren	Esperar que adivinen nuestros deseos o ser ambiguos en la instrucción
Esperar que den pequeños pasos hacia la meta	Pedirles que cambien de un día para otro y que hagan lo correcto para siempre por simple decreto
Motivar sus logros y esfuerzos con fiestas, alicientes e incentivos	Ignorar sus logros y sólo tomarlos como "su deber"
Cumplir las promesas respecto a las consecuencias positivas	No dar lo que prometimos
Hacer efectivas las consecuencias de actos indebidos en sanciones sanas para aprendizaje y reflexión	Insultar o simplemente dejar que hagan lo que quieren, aunque violen derechos y reglas importantes. Estallidos emocionales frecuentes, gritos y amenazas
Ser congruentes con las reglas que establecimos	Cambiar las reglas a cada momento. El papá las aplica y la mamá lo contradice, o viceversa
Motivar en forma inmediata	Dejar pasar el tiempo ignorando la atención a lo positivo
Premiar la congruencia y cumplimiento	Premiar el incumplimiento y la incongruencia (haciendo que nuestro hijo consiga lo que quiere aunque no haga esfuerzo alguno y no cumpla)
Dialogar y explicar las cosas	Amenazar e imponer a ciegas
Dialogar sanamente frente a ellos y ver el conflicto como oportunidad y nuevo compromiso concreto, comprometiéndonos con soluciones	Involucrarse en pleitos repetitivos que no llegan a nada y provocan que se vuelva a lo mismo

Éstos son sólo algunos ejemplos de la manera de distiguir entre los aciertos logrados y los errores cometidos.

La tarea de entrenador

Créeme, apreciado padre de familia, que sé que la tarea no es fácil. He impartido cursos para padres de familia durante más de 30 años y tengo una antigüedad similar como padre. En un segundo pueden cometerse errores y la vida es tan dinámica y con tantos requerimientos que es comprensible que se nos escapen muchas cosas de las manos.

Recuerdo que una vez sonreí ante una travesura que hizo mi hijo de seis años y él rápidamente interpretó que estaba bien lo que hacía. Fue un suceso veloz, pero poco después ya tenía un problema de conducta encima pues se burlaba de los demás. Tuve que intervenir para dirigir esto de manera ya activa y comprometida. Después pensé cómo había adquirido ese patrón de burla. Fue así que detecté que con un segundo de distracción se dio un aprendizaje dinámico surgido de una mala interpretación que le hizo sentirse aprobado y reforzado, cuando en realidad no era así... todo sin intención. Una mala lectura de su parte lo llevó a pensar que tenía permiso para burlarse de otros.

Todos podemos vivir casos como éstos en nuestra tarea de entrenadores. Sin embargo, aunque parezca difícil, la mayoría de las cosas pueden tener un orden saludable, una guía que nos lleve a resultados satisfactorios y a lograr cada día, sin confusiones, lo más importante:

> Gozar la convivencia, la unión afectiva y espiritual, el regalo de la vida compartida con ellos, la dicha que no encuentra palabras para explicar la misión de llegar a la fuente de amor que cada uno representa en su familia.

La inmensidad del universo se corona con la vida humana, y disfrutándola en el seno de nuestra familia poseemos un regalo que es aun mayor que la galaxia más grande. El ejercicio del amor es más brillante e importante que cualquier sol que ilumine sin él. Ese pequeño universo en el que convivimos tiene el poder de la trascendencia y la aspiración de eternidad. Una estrella puede apagarse en millones de años, pero el amor de un espíritu por otro dura para siempre. Lo que dimos y recibimos queda y transforma, no hay vuelta atrás. Nunca.

La disciplina debe hacer relucir la bendición de lo que significa la familia, no entorpecerla y hasta confundirla.

¡Tienes que levantarte todos los días temprano!

¡La tarea a la misma hora diario!

Preguntas por responder en lo que resta del libro

- ¿Cómo fijar una meta?
- ¿Cómo diseñar un plan motivacional efectivo?
- ¿Cómo medir resultados y avances y dar seguimiento?

- ¿Cómo ser un padre efectivo y positivo el día de hoy y para siempre?
- ¿Cómo manejar las estrategias con niños pequeños y adolescentes?

Ejercicio 1

Diagnóstico de mis competencias para disciplinar positivamente

Instrucciones

Califica si las siguientes situaciones aplican o no en tu caso. Anota en los paréntesis el signo y el número correspondientes, de acuerdo con la siguiente escala.

> Aplica bastante (+3)
> Aplica medianamente (+2)
> Aplica un poco (+1)
> No aplica un poco (-1)
> No aplica medianamente (-2)
> No aplica bastante (-3)

Situaciones

1. (   ) Normalmente hay congruencia en las reglas que se aplican en casa.
2. (   ) Cuando se trata de aplicar reglas, con frecuencia papá dice una cosa a sus hijos y mamá, otra.*
3. (   ) Cuando les prometo a mis hijos alguna recompensa, cumplo en tiempo y forma.

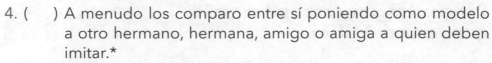

4. ( ) A menudo los comparo entre sí poniendo como modelo a otro hermano, hermana, amigo o amiga a quien deben imitar.*

5. ( ) Puedo afirmar que en casa hay más regaños y amenazas que reconocimientos.*

6. ( ) Estoy segura de que nuestros hijos tienen total claridad acerca de las metas que se persiguen.

7. ( ) Estimulamos a nuestros hijos a desarrollarse en cualquier área de su interés.

8. ( ) Con frecuencia encontramos que sus metas son muy grandes y no partimos en pequeños pasos o submetas lo que tienen que lograr.*

9. ( ) En casa cada día se aplica con claridad la regla de "primero el esfuerzo y luego el placer".

10. ( ) Siento que tardan demasiado en seguir las instrucciones que se les dan.*

11. ( ) Estamos convencidos de que los consentimos demasiado, les damos todo sin que ellos hagan esfuerzo alguno.*

12. ( ) Nuestros hijos tienen responsabilidades y deberes que cumplir y normalmente lo hacen.

13. ( ) Si quieren algo especial, les facilitamos que lo ganen por su propio esfuerzo.

14. ( ) Por lo general dejamos que los problemas se resuelvan solitos y no hacemos caso (por ejemplo, si se pelean o no obedecen).*

15. ( ) Sabemos (sé) con claridad qué los motiva para actuar.

16. ( ) Normalmente acabo siendo el "policía" en casa y tengo que recordarles constantemente lo que tienen que hacer.

17. ( ) En casa practicamos con frecuencia el "agradecimiento" de unos a otros.

18. ( ) Cuando impongo una sanción, por lo general la aplico "a medias".*

19. ( ) Las sanciones que les aplico no son claras, cambian y/o son exageradas.*

20. ( ) Estoy atento para reconocer sus esfuerzos, por pequeños que sean.

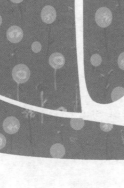

21. ( ) Ellos saben que su esfuerzo genera buenas consecuencias y se los demostramos festejándolos cuando lo hacen (con reconocimiento, permisos, sorpresas, regalos).
22. ( ) Las reglas que fijo se perturban por la intervención de otros.*
23. ( ) Nunca los ofendo cuando los corrijo.
24. ( ) Cuando les pido algo, les doy ejemplos o les pongo un modelo claro que deben seguir, sin compararlos.
25. ( ) En casa se vive con poca alegría y con ansiedad.
26. ( ) Dudamos acerca de cuándo hay que poner reglas y nos sentimos culpables de corregirlos o sancionarlos porque pueden llorar o ponerse tristes. Por eso nos cuesta trabajo poner límites y decir no.*
27. ( ) No nos comunicamos lo suficiente y el diálogo se dificulta.*
28. ( ) Cada uno de nuestros hijos sabe que tiene un valor único, infinito, irrepetible e incomparable, y que todos valemos lo mismo, con humildad y sin soberbia.
29. ( ) En mi opinión, en casa hay muchos gritos.*
30. ( ) Las amenazas son lo más frecuente en casa.*

Forma de calificarse

Todas las preguntas con asterisco al final cambian de signo: si tiene (+) se vuelve (-), si tiene (-) se vuelve (+). Suma los puntos positivos y resta los negativos para sacar el total.

90-70	Padres con alta disciplina positiva
69-59	Padres con disciplina positiva media
58 o menos	Padres con disciplina positiva baja

capítulo 2

Un mapa para papás efectivos y positivos: desarrollo integral

Tu esfuerzo amoroso y tu actitud sincera cosecharán frutos. Aun con algunos errores tuyos, tus hijos agradecerán y valorarán tu empeño para crecer como líder de tu familia, y harán lo mismo con tus nietos. ¿Habrá mejor inversión que esa?

JEKA

La calidad humana se define como:

Es toda experiencia de vida que trabaja o considera el amor (bienestar propio y ajeno), el equilibrio (retorno de plenitud hacia el ser) y el entendimiento (evaluación de la realidad), en cada uno de sus ejercicios de vida.

Un valioso mapa

Tú puedes ser la mejor promotora de tus hijos. Observa el mapa de la página siguiente.

¿Qué nos señala este mapa?

Las madres y padres de familia están llamados a ser excelentes promotores de sus hijos, guiados por el principio de la calidad humana, el cual consiste en poner a la persona como el centro vital de todo esfuerzo y beneficiario de lo que hace. Idealmente, sus acciones deben culminar en el provecho propio y del lugar que habita, cumpliendo así con un propósito ecológico.

Figura 2. Mapa de los padres positivos

PADRES POSITIVOS
"LÍDERES PROMOTORES"

Calidad Humana
La primera de todas...

★ **Amor**
Pasión por el bienestar

★ **Equilibrio**
Retorno de beneficios

★ **Entendimiento**
Evaluación objetiva

★ **Misión**
Sumar lo más posible a...

La salud

La felicidad

El desarrollo del talento

Competencia clave para los padres
Disciplina positiva: módulo 5
(Saber disciplinar y formar hábitos)

El ser humano desempeña un papel esencial en el mundo. Esto hace que el desarrollo de la calidad humana se convierta en una meta constante, que exige cada día un esfuerzo, un ejercicio, dirigidos a alcanzar las tres estrellas que la componen, mismas que abordaremos a continuación.

Primera estrella: el amor

En resumen, el amor se define como "pasión por el bienestar integral" propio y de los demás. Cada miembro de la familia deberá contribuir a sembrar y acrecentar este amor. Si bien no se concibe que en casa se haga lo contrario, sabemos que a menudo así sucede. Pero hay que cuestionarnos: si no estamos para darnos amor en los hechos o acciones diarios, entonces ¿para qué estamos?

Segunda estrella: el equilibrio

El equilibrio, que es la búsqueda del bienestar, no implica necesariamente el sentido del placer físico inmediato (aunque sí en parte), sino el retorno de plenitud hacia el ser. Sabemos que el sacrificio en el corto plazo que trae bienes inmensos después, requiere que haya visión del futuro. No permitamos que la innata lucha por el placer de los pequeños se desborde en ausencia de disciplinas y hábitos positivos, lo que a la larga generará múltiples y peligrosos problemas. Por ejemplo, hablando de una costumbre de nuestros días, simplemente pasar demasiado tiempo ante la computadora y no hacer ejercicio, con todos los efectos que esto implica.

El equilibrio es un reto de definición entre medios y fines. Como analizaremos ampliamente en el próximo módulo sobre calidad humana y sus valores en las familias, el fin es el hombre y su desarrollo pleno; todo lo demás son medios que no deben acabar por esclavizarlo.

Cualquier factor, incluso si parece una tarea "noble", sin equilibrio puede resultar perjudicial. De ahí que la disciplina y la formación de hábitos positivos se vuelva la piedra angular para que los papás logren que sus hijos sepan guiarse con patrones de conducta que los liberen en vez de convertirse en una "cárcel" para ellos.

Tercera estrella: el entendimiento

Ésta es una habilidad principal en la familia. Los padres tenemos que evaluar en forma congruente y objetiva la realidad de nuestros hijos y buscar las oportunidades que ésta plantea. No hay que asumir la opción fácil de "etiquetarlos" negativamente, condenarlos y hacerlos responsables absolutos de las limitaciones de su personalidad, sin darles las herramientas necesarias para facilitar el cambio o el desarrollo.

Es muy fácil decir a un hijo "eres un flojo", en lugar de pensar en por qué no encuentra motivación; hay casos en los que es la alimentación la que no ayuda a que tengan energía. Por ello, el esquema de las acusaciones y culpabilidades en toda la familia debe terminar y dar paso a la "evolución del entendimiento", impulsando el uso por parte de todos de nuestra inteligencia para definir, observar, evaluar y proponer soluciones a los problemas tal como son. Éste es el uso más conveniente de la inteligencia, y estamos preparados para él. Así podremos cambiar los ataques personales por ataques a los problemas.

Con estas tres estrellas a alcanzar diariamente tenemos la guía perfecta para no perdernos en el camino. Lo demás se convierte en hacer planes operativos eficientes que sumen lo más posible a tres variables básicas, no sólo de los hijos sino de todos los participantes de cualquier tipo de familia.

Cómo se mide la calidad humana

De acuerdo con estas definiciones, "calidad humana" es toda experiencia de vida que trabaja o considera el amor (bienestar propio y ajeno), el equilibrio (retorno de plenitud hacia el ser) y el entendimiento (evaluación de la realidad), en cada uno de sus ejercicios de vida.

Si la experiencia se antepone a estos principios (no hay amor, se busca el malestar, hay desequilibrio y condena violenta), la calidad humana simplemente no se ejerce. No se trata de asumirla como un lema, sino de proceder con un método que catapulte tu desarrollo auténtico contra otro que no la pone en práctica, o que lo hace a medias o deficientemente. La calidad humana es tarea de acción, es un reto diario y elección de caminos para cada persona, en todos los instantes de la vida.

Salud

A diario es necesario medir si estamos haciendo bien las cosas. Una referencia inmediata es la salud. ¿Lo que hago suma óptimamente a la salud de mis hijos? Esto nos lleva a analizar aspectos interesantes, desde la cartilla de vacunación hasta

13

excelentes planes de nutrición, patrones de hábitos saludables, actitudes y pensamientos positivos, autoestima, etc. ¡Puede incluirse incluso una revisión del colchón o almohada que utilizamos! (Recientemente se publicó que hay una conexión entre la productividad en el trabajo y el tipo de colchón en el que dormimos.)

Felicidad

Como indica el mapa anterior, otra medida es la felicidad. ¿Lo que hago abona óptimamente a la felicidad de mis hijos? (recuerda que tú también cuentas). Esto tiene que ver con el sentido del equilibrio, es decir, que lo que hacemos garantice más felicidad en el futuro, no canjear las costumbres de placer inmediato por dolor posterior, y sí canjear sacrificios presentes por grandes satisfacciones y de más amplitud con el paso del tiempo.

Veamos un ejemplo. La fábrica de "twinkies" en Estados Unidos organizó una competencia para ver quién podía comer más de estos pastelillos en el menor tiempo posible. Pues bien, el triste ganador comió ¡121!, lo que equivale a 18,000 calorías, es decir, la dieta de nueve días de una persona de estatura media normal. Si bien esto a muchos les provoca risa –incluso quienes dan la noticia lo comentan jocosamente, como si fuera una hazaña–, ¿acaso saben lo que ocurrió o puede ocurrir con la salud del confundido ganador? ¿Saben que ha habido muertos en este tipo de divertidos concursos por la ingestión fatal de enormes números de alimentos o bebidas? No, pero, ¡bravo, campeón!

¿Dónde queda la persona? No se sabe. Su salud, felicidad y talento se ven amenazados por un concurso que genera risa de inmediato, pero que casi garantizamos que provocará llanto después… ¡Con qué facilidad nos olvidamos de lo más importante de la vida! Ya se están prohibiendo las peleas de perros, pero el atentado soez a la vida humana ¡es motivo de chascarrillo!

Es un tema de revisión profunda: en muchas ocasiones, el ser humano ni siquiera sabe quién es y puede ponerse en último lugar.

Y no hemos hablado de las fiestas de los primeros añitos de los niños, en las cuales se regala chatarra y bolsas llenas de porquerías a los invitados. Si en tres eventos de este tipo puedes juntar 1.5 kilos de dulces hechos con pura azúcar y grasa, ¿imaginas lo que recibirá un niño o niña popular a quien le gustan los dulces? El camino para enfermar de diabetes está prácticamente asegurado si sus papás no levantan las antenas y previenen o evitan esa colosal invitación al consumo.

Y no sólo eso, el ruido estruendoso de los "payasitos o muñequitas" puede lastimar neuronas o causar la muerte de células auditivas…

Si nos comprometemos con el equilibrio y la salud de nuestros hijos, necesitaremos cambiar y revisar muchas cosas que hacemos que no son saludables, como esta sencilla celebración perjudicial para la mayoría de los niños por lo que les damos.

Será mejor que realicemos una cruzada nacional o mundial por la "fiesta infantil saludable".

Un paso como éste será preventivo y educativo porque, en vez de enseñar que la diversión significa escándalo y ausencia de salud, se organizará un compartir amable y saludable, enseñanza que puede servir a los menores en el largo plazo. Parece que la enseñanza es fiesta = desorden total permitido. ¿Será "imposible" hacer lo contrario? Desde luego que sí, mientras no se considere al ser humano como pieza única, valiosa, sagrada e importante. En serio, no es broma.

A veces a los adultos nos asombra que los niños y jóvenes se comporten de cierta manera, olvidando que, después de todo, nunca actuamos ni les enseñamos lo necesario para que sucediera lo contrario. Tal parece que esperamos un "milagro divino" sin poner los insumos... Resulta mejor trabajar con inteligencia que quejarnos o darnos por sorprendidos ante lo que no supimos hacer bien en primer lugar. Es fundamental que esto no nos siga ocurriendo o que nos suceda cada vez menos. Como familia exitosa muchas veces tenemos que ir contracorriente.

De manera menos dramática, en la cotidianeidad hay que insistir en pequeños hábitos esenciales a mediano y largo plazos, y que, aunque resulten parcialmente incómodos en el corto plazo (hacer ejercicio, nutrirnos bien, autocontrolarnos, entre otros), adquirirlos asegura el alcance de una existencia plena y llena de satisfacciones. Cómo hacerlo y cómo lograr que estas "incomodidades" sean agradables es motivo del resto del libro-módulo de entrenamiento.

Desarrollo del talento

La tercera variable, que nos mide como papás efectivos de muchas maneras, es el "desarrollo del talento". Aunque éste no es sólo resultado de la contribución

15

de los padres sino de muchas otras variables de la cultura, conviene que seamos capaces de prodigar diariamente la motivación y las condiciones necesarias para que nuestros hijos desplieguen todo tipo de habilidades o competencias en su preciosa individualidad. Ello abarca desde reconocer sus logros hasta ayudarlos a tener el orden necesario, a no entrar en conflictos de fuerzas o intereses que provoquen estancamientos o pérdidas de un tiempo valioso, y, de nuevo, a manejar la disciplina y formación de hábitos. Todo ello confluye en una megacompetencia necesaria para todos los líderes de familia responsables de esa función, un aprendizaje sólido, como lo indica nuestro mapa. Con esta visión abordaremos en los próximos capítulos las experiencias y conceptos que se requiere comprender y adaptar en el hogar.

¿Y qué entenderemos por desarrollo integral?

Todos queremos el bienestar de nuestros hijos. Nuestro amor nos hace estar pendientes y apasionarnos por conseguirlo. Como ya vimos, es fundamental que este amor se dé en un contexto de equilibrio y entendimiento, y poder medir los impactos de bienestar en más salud, felicidad y plenitud para ellos. Hablamos de "desarrollo integral" para considerar la profunda conexión entre todas estas variables:

• Mejor salud lleva a la felicidad, y ayuda a un rendimiento más pleno de las facultades de nuestros hijos.

• Más felicidad lleva a una mejor salud y mejor rendimiento.
• Más talento los hará sentirse más saludables y más felices.

Por ejemplo, algunos estudios indican que el simple ejercicio de la risa mejora los resultados productivos y la salud de las personas.

Ahora bien, nosotros podemos formar hábitos y establecer disciplinas en cualquiera de estas áreas, y todas serán relevantes para el amplio desarrollo de nuestros hijos, por el cual habremos de velar.

En el área de la salud, además de la formación de hábitos de autocuidado y aseo, alimentación, ejercicio, interacción en un ambiente sano y en paz (bajo en tensiones), cuentan las actitudes, el buen humor, la almohada que utilizamos, la esperanza, los comentarios positivos, la filosofía de la vida, así como el conocimiento de Dios o variables de tipo espiritual.

Los padres tienen derecho a guiar a sus hijos hacia lo que desean, pero también la responsabilidad y obligación de practicar la calidad humana en la familia. Los hijos no son "propiedades", son seres que merecen y aspiran a la plenitud, y esa será su mejor contribución. No se trata de un capricho como decorar un automóvil, aquí hablamos de lo que una persona puede llegar a ser, nada más y nada menos.

Preparemos un plan individual para cada uno de nuestros hijos, de acuerdo con sus necesidades de desarrollo, que pueden implicar corregir algo o generar algo "nuevo" en su equipo de competencias que sea valioso e importante. Por ejemplo, tal vez ya se lavan los dientes o se bañan y hacen la tarea, pero Martha necesita aprender a dejar de compararse con otros, o empezar a agradecer de manera cálida y abierta lo que recibe de los demás, lo cual ahora no hace.

Por tanto, hay que diagnosticar sus necesidades y cómo queremos apoyarlos para desarrollarse, incluyendo todas las variables que nos ayuden y que tengamos para ello, en el área física, mental, espiritual, ambiental, social, etc.

Hacer esto no tiene que convertirse en una tarea abrumadora. El método que analizaremos es práctico y sencillo y, si funciona bien, genera una cascada de "círculos virtuosos" que llevan a potencializar con mayor facilidad un crecimiento amplio y positivo. Recordemos que el éxito es amigo de la motivación, la salud, la felicidad y la autoestima, y nos hace desear repetir esa ruta recién aprendida en muchos otros casos. No hay límites de aplicación y, si no los proponemos, no hay competencia que se resista a ser formada o ampliada.

Los papás requerimos también sentir que somos "efectivos" al educar a nuestros hijos. Esto no da paz, seguridad y aplomo para seguir haciendo las cosas bien o lo mejor posible. ¡El círculo virtuoso es para todos!

Ejemplo de 60 competencias que los padres pueden desarrollar en la formación de sus hijos (para empezar...)

*En ocasiones la contribución de los padres puede ser suficiente y significativa; en otros casos, habrá de complementarse con apoyo de especialistas.

1. Aseo personal
2. Actitudes positivas ante los problemas
3. Comportamientos sociales adecuados de comunicación e interacción
4. Autodisciplina y autocontrol
5. Automotivación
6. Liderazgo
7. Trabajo en equipo
8. Espiritualidad
9. Ejercicio y condición física
10. Elección de nutrición saludable
11. Manejo de conflictos
12. Aplicación de ejercicios de calidad humana
13. Autoestima
14. Manejo del perdón
15. Concentración y gozo del presente
16. Elección de pensamientos positivos y combate a los negativos
17. Agradecimiento
18. Cortesía y cordialidad
19. Risa y buen humor
20. Elección de amistades y de pareja
21. Aprender a estudiar

22. Manejo de tensiones y preocupaciones
23. Elaboración de misión y metas
24. Autorreflexión
25. Obediencia y seguimiento de instrucciones
26. Pensamiento crítico
27. Creatividad
28. Aplicación de derechos humanos y responsabilidades
29. Habilidades para la felicidad
30. Diagnóstico y expansión de las propias virtudes
31. Entendimiento y aplicación de valores
32. Prevención y anticipación de problemas
33. Innovación
34. Habilidades multiculturales
35. Lectura y comprensión
36. Optimismo y manejo de adversidades
37. Habilidades de esperanza
38. Manejo de miedos, fobias y terror
39. Manejo de tics
40. Manejo de tartamudeo
41. Control emocional y su conducción saludable
42. Pensamiento racional
43. Respiración sanadora

44. Inteligencia emocional
45. Manejo del tiempo, metas y prioridades
46. Aprender a aprender
47. Manejo de abusos de otros (*bullying*), pleitos entre hermanos. Comunicación saludable y efectiva
48. Prevención de depresión y suicidio
49. Prevención de adicciones
50. Comportamientos de ahorro e inversión (energía, objetos, dinero...), previsión y planes a futuro
51. Actitud de servicio y entrega a los demás
52. Altruismo y cooperación con el mundo y la sociedad
53. Cuidado responsable de mascotas
54. Participación comunitaria, trabajo en equipo, ahorro de energía
55. Cuidado de la salud integral y búsqueda de la calidad humana
56. Manejo del enojo en particular (el cual ahora se relaciona con problemas cardiacos)
57. Señalamiento de límites
58. Solicitud de ayuda
59. Expresión de dudas y confusiones (prevención de abusos a su persona)
60. Descanso apropiado

Plan de desarrollo

Instrucciones

Señala las cinco primeras áreas en las que te gustaría empezar a trabajar con tus hijos o añade alguna otra si son más de cinco.

Nombre de mi hijo(a): _____

Áreas para empezar a trabajar en su desarrollo activo

1. _____
2. _____
3. _____
4. _____
5. _____

Nombre de mi hijo(a): _____

Áreas para empezar a trabajar en su desarrollo activo

1. _____
2. _____
3. _____
4. _____
5. _____

capítulo 3

Saber disciplinar y formar hábitos. Métodos, prácticas y ejemplos

*Antes nos controlaban con la mirada;
ahora la mirada debe ser de amor, con
entendimiento y reglas claras.*

Jeka

El hábito se define como:

Una conducta bien aprendida o una secuencia automática de comportamientos que está relativamente ligada a una situación específica y que con el tiempo se ha convertido en un reflejo automático independiente de fuerzas motivacionales o cognoscitivas; es decir, se ejecuta con muy poca intención consciente o sin ella.

American Psychological Association

Todos los papás queremos que nuestros hijos posean un almacén de hábitos positivos que les ayuden a enfrentar la vida de muchas maneras y ante diversos retos. Cuando no cuentan con ellos, las situaciones de convivencia se complican y es importante saber manejarlos y entenderlos.

En este capítulo enseñaremos las reglas para la formación de hábitos positivos en nuestros hijos, las cuales son sencillas de entender y aplicar. Sin embargo, la regla de oro es la consistencia; de no haberla, los resultados sufrirán y se retrasarán. Por consiguiente, conviene tener un plan y decidirse a aplicarlo hasta el final. Intentos a medias dan resultados a medias y los problemas se hacen recurrentes.

Los padres tenemos que formarnos el hábito de formar hábitos

Con ejemplos de casos reales que hemos aplicado a lo largo de los años, mostraremos los principios para elaborar un buen plan de formación de hábitos y disciplina, de modo que quedes habilitado para realizar aplicaciones exitosas en casa.

Explicaremos paso por paso la metodología y cómo se aplica. La esencia de estos procedimientos es que nuestro potencial crezca, las competencias se desarrollen y, al mismo tiempo, la experiencia sea motivacional, saludable, divertida y genere una ola de reacciones positivas en el ambiente general.

Esto rompe con los esquemas dolorosos de gritos, amenazas, golpes, insultos, desesperación y frases proféticas negativas. Si una sanción se da en este contexto, no sólo provoca dolor, sino también daño psicológico y emocional, y eso debe evitarse a toda costa.

Los padres y madres que asisten a mis conferencias me preguntan "¿es permisible dar un golpe a los hijos de vez en cuando?". Posiblemente casi todos hayamos dado un coscorrón ocasional, pero el problema de la "corrección física" es que puede convertirse en una manera fácil de renunciar a hacer planes inteligentes de formación y nos enfrenta a circunstancias éticas relevantes.

Te cuento de una mamá que corregía a sus hijos (de siete, nueve y 10 años) a pellizcos y se congratulaba porque, según ella, así los educaba mejor. Sin embargo, una observación más a fondo mostraba con claridad el resentimien-to acumulado por sus hijos, quienes se sentían incomprendidos y víctimas de abuso. Al cabo del tiempo, las agresiones entre ellos se incrementaron, algunos se aislaban y ya no conversaban. Entonces, la mamá sí lograba imponer paz y silencio, aunque a costa de gritos internos que sus hijos guardaban para sí, lo que los afectaba emocionalmente. El golpe es la salida fácil.

Cuando una mamá o papá tiene que sancionar a un hijo –y existen correcciones saludables–, el dolor emocional de ambos es inevitable. Pero el dolor no es daño, y todos crecimos enfrentando dolores que nos llevaron a reflexionar, madurar y reaccionar en forma diferente. Hay guías para mostrar a una hija que las acciones incorrectas tienen consecuencias correctivas, y asegurarnos de que, aunque éstas no nos gusten, sí lleven a un buen aprendizaje. Más adelante comentaremos dichas guías con precisión.

En un contexto de aprendizaje positivo, las guías para lo que nuestros hijos deben o no hacer tendrán que ser

claras, de modo que no les quede duda de los caminos que llevan a buenos resultados y los que no lo hacen. La mejor enseñanza es la que se da en casa, en un entorno amoroso y protegido. Como medida preventiva vale mucho más ésta que las duras lecciones obtenidas fuera del hogar, que pueden acarrear consecuencias impredecibles o hasta peligrosas. Es prioritario hacerlo así siempre que sea posible.

El método de padres positivos, prácticas y ejemplos de aplicación

Hace más de tres décadas me entrené en formación de padres con los doctores Allan Markle y Roger Rinn, en Huntsville, Alabama. Estos profesionales idearon un modelo práctico y efectivo para formar hábitos y lograr el desarrollo de conductas positivas diversas en los hijos, además de corregir otras. Su modelo, vanguardista para su época, y adoptado en muchos otros sitios del país, se apoyaba en los principios vigentes de la psicología científica que, bien aplicados, rendían buenos resultados.

Ya de regreso en México, en mi experiencia de trabajo observé que este modelo requería adaptarse a nuestra cultura y, dados los avances en la psicología cognitiva conductual, complementarse con diversos elementos no considerados en su momento por sus creadores.

Ahora presento a los padres y madres de familia de nuestra cultura un nuevo modelo más integrado e integral que guíe sus esfuerzos como educadores de sus hijos. A continuación veremos en qué consiste el esquema del Sistema Kubli de Padres Positivos.

Modelo de padres positivos para la formación de hábitos positivos y el desarrollo correctivo de comportamientos en los hijos

Cinco pasos para formar hábitos y lograr cambios sorprendentes

- *Primer paso: definir el ideal*
  Diagnóstico y definición de la meta. Observación, experiencia y sabiduría
- *Segundo paso: definir lo real, línea de base*
  Observación como punto de comparación para no perder objetividad
- *Tercer paso: señalización*
  ¡Por aquí sí!: acciones y fuerzas a favor del hábito. ¡Por aquí no!: estrategias correctivas emocionalmente efectivas y saludables
- *Cuarto paso: visualización*
  Representación visual de las acciones por desarrollar como hábitos
- *Quinto paso: internalización*

Como veremos a continuación, los pasos son sencillos y fáciles de entender y aplicar. Explicaré y ejemplificaré cada uno de ellos, con el fin de que tú puedas gradualmente diseñar y pulir el plan de desarrollo personalizado de tu hijo. Al final de la presentación del modelo, habrás elaborado ya su programa de acción. ¡Adelante!

Capítulo 4

Primer paso:
definir el ideal

*La experiencia y amorosa sabiduría de los padres
es la materia prima del desarrollo de sus hijos.
No cabe la intolerancia, sí la habilidad para
transmitir y guiar dando resultados.*

JEKA

Primer paso. Diagnóstico y definición de la meta, aplicación de la sabiduría de los papás ||||||||||||||||||||||||||

El punto de partida para un padre de familia en el desarrollo de sus hijos es una definición clara del comportamiento o un producto del mismo que sea específico y medible. Los hijos que no obedecen a menudo tienen papás que son poco precisos en demandar lo que desean; la ambigüedad de señales abre la puerta al incumplimiento.

Por ejemplo, podemos decirle a una hija "quiero que seas más cortés con tu abuelita", mensaje que quizás no quede claro para ella. Sería óptimo decir algo como "cuando tu abuelita te saluda con cariño, contéstale con otro saludo y una sonrisa" (pueden sugerirse explícitamente, incluso ensayarse, otras acciones satisfactorias).

La meta se define como:

Fin a que se dirigen las acciones o deseos de alguien.

Real Academia Española

Si bien la lista de acciones y productos de la acción (tarea terminada, cuerpo limpio, 10 problemas resueltos de..., ahorro de 100 pesos, etc.) puede ser infinita, podemos empezar priorizando y definiendo lo que realmente deseamos y le conviene a nuestros hijos.

No des por hecho rápidamente que tu hijo tiene claro lo que se desea. Muchas veces asombra descubrir que la madre y el hijo no entienden lo mismo. Por consiguiente, hay que dar este paso con precisión y brindarle el tiempo o práctica necesarios hasta que las expectativas empaten.

Muchas veces lo que conviene es definir de manera específica el producto de la acción más que la acción misma. Algunos ejemplos son: marcar un gol *vs.* jugar bonito o driblar mucho; medir cuánto tiempo pasa sentado viendo un libro sin que le diga nada *vs.* medir página por página, o párrafo a párrafo, y pedir una explicación escrita o verbal de las ideas principales; ordenar su ropa *vs.* dejar toda su ropa en los cajones adecuados.

Aquí es donde entran en juego nuestra visión amorosa y valiosa experiencia. Aun cuando aparentemente todo esté bien, es factible elaborar "proyectos de desarrollo" para nuestros hijos que instalen comportamientos o sugieran formas muy benéficas para ellos que no se hayan explorado. Visualiza y comparte tu sueño en este sentido y observa si también es el suyo. ¿Qué competencias son o pueden llegar a ser de su interés?

Definir lo que queremos

Para definir lo que queremos lograr en nuestros hijos habremos de llenar algunos requisitos.

a. Pasar el filtro de conveniencia, con la siguiente pregunta: ¿Lo que pedimos a nuestra hija es conveniente para su salud, felicidad y rendimiento de sus talentos? La respuesta debe ser siempre un sí claro.

b. Pasar el filtro de especificidad, con la siguiente pregunta: ¿Tiene nuestro hijo claro qué es lo que se pide exactamente? Y otra muy importante: ¿Está nuestro hijo totalmente convencido de que le conviene realizarlo? La conciencia de esta respuesta y su amplitud crecen con la edad; tal vez no esperaremos muchas explicaciones de una niña pequeña, pero de cualquier manera siempre hay que asociar la acción o su producto con la ventaja que ofrece.

Olvídate de poner a tus hijos "etiquetas" que impliquen descripciones globales normalmente negativas de su personalidad. No le digas "eres un flojo" (o cualquier otro adjetivo calificativo que lo demerite). Dile, de manera específica, lo que tiene que mejorar: "mostrarme antes de las 6 p.m. la tarea entregada con todos los requisitos".

He escrito en varios libros lo nefasto que puede ser calificar a nuestros hijos con etiquetas negativa. Evítalo, son generalizaciones arbitrarias de su comportamiento: el más "flojo" es al mismo tiempo el más activo para jugar el gameplay de moda. Así, rápidamente vemos que el problema se circunscribe a un área específica por mejorar y que, más que debatirnos en decirles que son "buenos" o "malos", hay que motivar resultados positivos.

Nuestro hijo puede darnos incluso lecciones de persistencia y constancia pero en las actividades que no esperamos. Recuerdo a un niño de 10 años que no iba bien en la escuela, pero era el número uno de todo el colegio en juegos de barajitas, se las sabía de todas, todas. Su talento estaba mal aplicado. Esto se arregló pronto cuando se le fijó la regla de primero cumplir con las tareas escolares y después jugar en su actividad favorita. No procedía decirle "tonto", "flojo" o "irresponsable", sino impulsarle a emplear sus talentos en lo que también es necesario que ocurra.

c) Poner en términos positivos lo que deseamos, lo que significa un acierto de la acción o su producto. Por ejemplo, puedo decir que el ideal es no mojar la cama, lo cual es correcto, pero lo óptimo es plantearlo de manera que se califique el acierto; así estaremos al pendiente de lo positivo y prestaremos toda la atención y energía a lo que sí debe ocurrir: es mejor estrategia describir lo que quiero: "mantener la cama seca".

d) Modelar la acción que desea. Sin dudarlo, puedes hacer una demostración y un juego divertido. Usa todos los recursos y elementos para que lo deseado quede totalmente claro. Pueden ensayarlo, actuarlo, observar las distintas circunstancias, dibujarlo, fotografiarlo... Esto es parte fundamental del proceso de aprendizaje y nos da pistas preciosas para un arranque perfecto.

Cuando Carmina enseñaba a su pequeño a decirle a un amiguito que no lo molestara, ella jugaba el papel del amiguito y ponía un ejemplo en el que su hijo le decía la frase correcta: "no me trates así". Luego intercambiaban papeles, el niño era el amiguito y Carmina hacía el "modelo" de respuesta adecuada. Así, jugando y riendo, lo que logró la mamá fue estupendo ya que su hijo aprendió a defenderse de esa situación, sin violencia y con resultados magníficos.

Antes de continuar, realicemos los siguientes ejercicios a manera de práctica.

Etiquetas *vs* comportamientos o productos de comportamiento específicos

Instrucciones

Escribe en los paréntesis Sí, si los siguientes son ejemplos de acciones específicas, o No si no lo son.

Tienes que:

1. (   ) Mostrar una actitud más bondadosa.
2. (   ) Prestar tu juguete por una hora.
3. (   ) Ser menos egoísta.
4. (   ) Terminar de poner la ropa en el cesto.
5. (   ) Dejar de ser un hijo ingrato.
6. (   ) Decirme algo que te gustó del día de hoy.
7. (   ) Llamar a tu hermana por su nombre y no utilizar apodos.
8. (   ) Avisarme que quieres ir al baño.
9. (   ) Caminar en la tienda junto conmigo y no correr por tu cuenta o separarte.
10. (   ) Ser obediente.
11. (   ) Ignorar a extraños que quieran platicar contigo y avisarme de inmediato.
12. (   ) Ser más humana.

Resultados

Ejemplos específicos: 2, 4, 6, 7, 8, 9, 11.
* De haber dos o más errores, vuelve a leer el capítulo.

Expresar la conducta o su producto en términos positivos

Instrucciones

Las siguientes son frases que definen concretamente la acción o su producto. Tu tarea será convertirlas a términos positivos sin cambiar su significado. Un ejemplo es el que ya vimos: expresar "no mojar la cama" en términos positivos: "mantener la cama seca".

1. Dejar de pelearse

   Positivo _____

2. Dejar de hablar mal de los demás

   Positivo _____

3. No dejar la cocina con cosas sin lavar y fuera de lugar

   Positivo _____

4. No dejar tareas sin entregar

   Positivo _____

5. No decir mentiras

Positivo _____

6. No interrumpir

Positivo _____

7. No sentarse mal a la mesa (postura inadecuada)

Positivo _____

8. Dejar de gastar

Positivo _____

////////////////////////////////

Ejercicio 5.

Aplicación a su caso: especificando el ideal con mi hijo

Instrucciones

Con lo analizado hasta ahora, elabora el ideal de comportamiento o producto de comportamiento que deseas que tu hija adopte de ahora en adelante.

Si tienes más de un hijo, puedes definir hasta tres ideales por cada uno. Sin embargo, sugerimos que en el plan incluyas una acción o producto a la vez, ya que formar un hábito requiere constancia y ser un juego divertido.

Pretender muchos cambios de un solo golpe puede ser abrumador y poco realista. Ordénalos por prioridad (A, B, C) y empieza a trabajar con el punto a.

Especificando tres ideales por alcanzar en una acción o logro concreto producto de la acción de mi hija/o

1. (Nombre de tu hija): _____

A. _____

_____

B. _____

_____

C. _____

_____

2. (Nombre de tu hijo): _____

A. _____

_____

B. _____

_____

C. _____

_____

Ahora elige para cada uno de tus hijos una opción en la que desee trabajar (conducta o producto), con base en la cual su plan seguirá desarrollándose al avanzar con el libro. Aprovecha para fijarla como meta: cuántas veces y para lograrse en cuánto tiempo. Si la meta es muy grande, puedes dividirla en submetas.

Ejemplo

Que duerma toda la noche en su cama los siete días de la semana, en un mes a más tardar

Submetas
Primera semana: 3 días
Segunda semana: 5 días
Tercera semana: 7 días
Cuarta semana: 7 días

En el próximo capítulo haremos referencia a la meta realista. Si la meta es muy alta y se fija para hacerse rápidamente, puedes hacer ajustes. Hay que facilitar el éxito de nuestros hijos y permitir que lo prueben. Por consiguiente, como regla general, lo recomendable es avanzar en pequeños pasos, lo suficiente para que sientan el éxito a su alcance y vayan por más, moldeando, en aproximaciones sucesivas y graduales a la meta. Es importante que el proceso sea divertido y estimulante, evitando que provoque frustración y una altísima presión. Aun si nuestro hijo está muy motivado y quiere sorprendernos, debemos dejar un espacio para que, en caso de que no lo logre, valore el avance y el esfuerzo sin tirar todo por la borda en los primeros intentos. Esa es la tónica del libro.

Fija, entonces, las metas.

Hijo (nombre): _____

Acción o producto a lograr: _____

_____

_____

Hija (nombre): _____

Acción o producto a lograr: _____

_____

_____

Revisa que pasen los filtros señalados.

Toma en cuenta que, una vez definido el hábito que desean formar y antes de iniciar el plan de acción, es muy importante explicar a tu hija las ventajas que obtendrá al hacerlo y, de preferencia, guiarla para que ella misma ponga ejemplos de esos beneficios.

Para contar con ese convencimiento tal vez necesites preparar un listado de las ventajas contra las desventajas de hacerlo y no hacerlo, pedirle que visualice y se sienta logrando esa conducta, y preguntarle cómo se siente por lograrlo o no lograrlo. Pueden jugar a realizarlo, analizar las ventajas sociales de hacerlo, y cómo la principal beneficiada es ella misma. Visualicen y proyecten qué pasaría en unos años de hacerlo o no hacerlo: ¿se beneficiaría la calidad de vida y la paz en la convivencia familiar? ¿Cómo? ¿Se beneficiaría la salud, la felicidad y el despliegue del talento? ¿Cómo?

Analicen cómo algunos personajes que ella admire lo lograron. Se vale todo: películas, dramatizaciones, ejemplos familiares, etc., siempre dando esperanza y viendo cómo sí puede avanzarse a la meta. Un buen convencimiento garantiza un buen arranque.

A veces todo es muy evidente y no es necesario tomar tantas medidas, queda a tu criterio.

Capítulo 5

Segundo paso: definir lo real

*Esencial resulta observar y evaluar la realidad sin engañarnos,
como es; valorar las modificaciones sin subestimar ni negar,
ir a nuestros métodos las veces que sea necesario hasta
transformar positivamente lo que en verdad ocurre.*
JEKA

Definir lo real, línea de base |||||||||||||||||||||||||||||||||||||||

**La realidad
se define como:**

La existencia real o efectiva
de algo. Verdad, lo que ocurre
verdaderamente.

Real Academia Española

Este segundo paso es sencillo pero muy significativo, porque nos permite ver objetivamente los avances en el camino, sin perdernos. Por ejemplo, se ha hecho un plan para formar en Anita el hábito de leer más. Ella está convencida de hacerlo y se evalúa cuánto avanza en realidad. Con base en la observación durante una semana, se descubre que normalmente lee lo que se le asigna en sus tareas, pero no lee ningún material o libro adicionales, que es precisamente lo que incluye su plan. Por consiguiente, su línea de base o definición de lo real es = cero lectura adicional.

¿De qué nos sirve este dato? Bueno, es valioso tomarlo en cuenta porque así la meta que fijaremos será realista: es decir, no le pediremos que de un día para otro lea capítulos enteros,

tenemos que empezar por pequeños pasos y pequeñas dosis. Así, podremos poner la meta de uno o dos párrafos al día del libro que ella elija, para la primera semana (cinco días).

Tomar esta meta como base y medirnos ayudará a hacer evaluaciones objetivas del avance. Por ejemplo, si ella lee tres días de la semana, tal vez con objetivos irreales nos desesperaríamos y le diríamos "¿ya ves?, no has avanzado", cuando en realidad tenemos un avance de 65% para la primera semana al pasar de cero a tres días. Ese esfuerzo debe reconocerse puesto que va camino a la meta, sin juzgar la realidad como todo o nada, lo cual desmotiva y no nos permite fortalecer lo adecuado aunque aún no sea en la magnitud deseada.

Se considera una meta realista aquella que es superior a la línea base y no más alta que el día de máxima frecuencia (dado que éste todavía no ocurre). Por ejemplo, si Anita leyó 10 páginas a la semana –un día 0, el siguiente 2, el siguiente 3, luego 4 y después 1–, una meta realista para la segunda semana sería un número mayor que el promedio que es 2 y hasta 4, y que es lo máximo que demostró que ya es capaz de hacer. Por tanto, un buen número sería 3 todos los días, lo que da unas 15 páginas para la siguiente semana.

Pasamos del "creo que ha mejorado, o no", a mediciones precisas.

En los procesos de formación de hábitos y cambio es esencial no desalentar la motivación. Es preciso fortalecer, aplaudir, entusiasmarnos con cualquier avance genuino hacia la meta. Con una observación más aguda podemos descubrir que el esfuerzo ha sido mucho mayor de lo que parece y esto no debe pasar inadvertido aunque no se logre la meta global.

No nos desalentemos si un avance de nuestros hijos nos parece insuficiente; por el contrario, procuremos que cualquiera que se dé camino a la meta nos cause entusiasmo y proyectarlo a ellos.

Recuerdo a una mamá que trabajaba el que su hijo "tuviera pantalones secos", ya que los manchaba al defecar en ellos. La primera semana el pequeño lo logró tres días (partiendo de cero veces), lo que la hizo comentarme, muy desmotivada, "sólo fueron tres días… nunca va a cambiar". Yo le hice ver que era un gran avance para la primera semana, rescatamos la visión motivacional y analizamos objetivamente lo que se estaba logrando; poco después se alcanzó la meta de pantalones secos al 100% (un mes). ¿Pensar que nunca va a cambiar viendo el cambio mismo? Por supuesto que no. (Si un problema de esta naturaleza persiste, hay que descartar con el médico trastornos físicos como la enuresis y, como en este caso, la encopresis. Con este pequeño el asunto se resolvió en tres meses y cuatro años después no ha habido retrocesos.)

El cambio, la adaptación, el desarrollo de conductas nuevas es la tarea principal de todas las familias. En estas batallas muchas veces perdemos la guerra, lo que nos aleja del amor y nos frustra; buena parte de ello es por falta de métodos y es lo que no podemos seguir consintiendo.

Vuelve a tu método, revísalo, mejóralo. Nada tiene de utilidad irnos a señalamientos personales y culpas o agresiones. Para que un padre o madre de familia desempeñe su función de educador de sus hijos se requiere el uso de inteligencia, entendimiento, solución de problemas y creatividad, siempre con esperanza, entusiasmo y ánimo de búsqueda. Esta estrategia implica desde seguir una dieta personal hasta resolver cualquier otro problema que estamos comprometidos a solucionar; lo demás es paja y estorbo.

Ejercicio 6.

Aplicación a tu realidad

Instrucciones

Anota las conductas o productos de conductas que definiste que trabajarías con tu hijo. ¿Cuál es la realidad de base? Si no lo has observado o no lo tienes claro, asigna una semana para registrar lo que sucede con precisión. Antes de hacerlo, revisa los siguientes ejemplos.

Ejemplos

a. **Ideal:** estudiar y contestar acertadamente las preguntas 30 minutos al día, cinco días de la semana, todo el mes.
Real: lo hace un día a la semana.

b. **Ideal:** dormir con la luz apagada 95% de las veces en los próximos meses.
Real: lo hace dos días a la semana.

c. **Ideal:** dormir en su cama toda la noche todos los días de la semana, o 95% de las veces.
Real: lo hace cero días a la semana.

d. **Ideal:** pedir las cosas sin gritar, en "buen tono"(como se le demostró y lo hizo), 95% de las veces todo el tiempo.
Real: lo hace dos días a la semana.

e. **Ideal:** tener la tarea terminada antes de las 8 p.m., con los requisitos establecidos, 95% de las veces durante todo el año escolar.
   Real: lo hace una vez a la semana.

f. **Ideal:** hacer 30 minutos de caminadora, a la velocidad 3, cinco días de la semana, todo el año.
   Real: lo hace un día cada 15 días.

En tu caso

Nombre de tu hija: _____

Ideal: _____

Real: _____

Nombre de tu hijo: _____

Ideal: _____

Real _____

Siempre que puedas, invita a tu hijo a participar en la elaboración y fijación de límite de la meta, pero sin permitir que se determine una situación en la que se evada la responsabilidad o se vaya a lo fácil, a lo que puede tender un pequeño tan sólo por su edad. Cuando las reglas están claras y se visualizan las ventajas, normalmente nuestros hijos nos sorprenden a la inversa, dando resultados magníficos. El sentido de límites y obligaciones lo pone la experiencia de los padres; por consiguiente, define específicamente que no se están evadiendo las responsabilidades formativas necesarias: las reglas las ponen los papás. Desde luego, esto no se hace ya como antes, cuando muchas veces eran irracionales y autoritarias. Ahora pueden negociarse más y verdaderamente atender a necesidades reales e inteligencia informada. Sin embargo, la decisión firme sigue siendo responsabilidad de los padres y madres.

Cuando veo a un niño que no hace la tarea o la hace a las 10 de la noche y pasa toda la tarde navegando en Internet, resulta evidente para mí que la regla en esa casa la pone el hijo, no el papá. A veces nos tiembla la mano y nos sentimos culpables por corregir, queremos que siempre "estén felices" y nos duele distanciarnos temporalmente de ellos por una corrección. No hay que verlo así, es necesario considerar el asunto con visión de largo plazo, conscientes de que al corregirlos garantizamos las acciones que les darán éxito a lo largo de su vida y no sólo les brinden placer en el momento.

Además, como veremos en el siguiente capítulo, hay maneras de corregir que no provocan daño a nuestros hijos, y los hacen madurar y aprender.

6

Tercer paso: señalización. ¡Por aquí sí!

*Si fueras niño y quisieras
mejorar algo… ¿cómo te gustaría
ser motivado por tus padres?*
Jeka

Acciones y fuerzas a favor del hábito. Errores comunes ||||||||||||||||||||||||||||||||||||||||||||||||

El de los errores es un aspecto fundamental en el que se pierden muchas batallas y guerras en la formación de hábitos, ya sea por exceso u omisión, o incluso contradicción. Algunos principios básicos que deben respetarse servirán para aclarar las cosas, tener una ruta segura y conseguir buenos resultados.

El respeto a estos principios no sólo beneficia a los hijos, sino también a los papás, en quienes se eleva el sentido de satisfacción por ser efectivos, la paz psicológica a la que tienen derecho a aspirar y tan necesaria para las tres variables de oro: salud, felicidad y alcance de su plenitud. A continuación te invito a imaginar y reflexionar acerca de cómo marcar los caminos adecuados para tu familia.

> **El hábito se define como:**
>
> Tendencia a repetir una determinada conducta ante situaciones similares.
>
> *Diccionario de Psicología*

Imagina por un momento...

Piensa en lo siguiente: desde que un hijo nace, su madre y su padre pueden elegir entre muchos caminos que puede recorrer. Algunos lo llevarán al éxito (salud, felicidad, plenitud), pero otros claramente irán en contra de éste y resultarán penosos y peligrosos, de alto riesgo y sufrimiento. Tú no podrás caminarlos por ellos, pero sí enseñarles a elegir los óptimos y hacer que se conduzcan lo mejor posible por la vida, con poco margen de error, en las partes que sí se pueden controlar.

Siguiendo con esta imagen, ahora pregúntate:

- Los caminos ¿están bien señalizados?

- Si tu hija va por el camino correcto, ¿lo sabe?
- ¿Sabe dejar un camino equivocado por otro que es adecuado?
- ¿Existe un plan para que por sí misma recorra sus rutas con grandes probabilidades de éxito?
- ¿Cómo hacer que tus hijos no repitan los errores que nosotros cometimos y que pueden corregirse y prevenirse?

A esto se reduce principalmente la tarea educativa de los padres: alinear todas las fuerzas motivacionales y de influencia en ellos para que caminen por la vida lo mejor posible.

Ejercicio 7.

Haz tu pronóstico

Instrucciones

Lee los siguientes casos y, usando tu sentido común, intuición o conocimientos, anota en los paréntesis **M** si es probable que mejoren la situación y convivencia, o **E** si es probable que la empeoren.

1. (   ) La niña (de cuatro años) llora, patea, se tira al piso, sin motivo razonable. La mamá de inmediato le presta atención, la acaricia, mima, incluso hace algo que le gusta a la pequeña.

2. (   ) El niño (de 10 años) reprobó matemáticas y no hizo sus tareas. Su papá, quien le ofreció una excursión si aprobaba, de cualquier manera lo llevó.

3. (   ) La niña (de nueve años) hizo un esfuerzo especial para colgar su ropa adecuadamente. Su mamá, que la observa, no le dice nada y se mantiene indiferente.

4. (   ) El niño (de siete años) se viste mejor y más rápido antes de partir a la escuela. Su mamá le dice "¡Qué bien, mejoraste!", lo abraza y le da permiso para que invite a un amiguito en la tarde para festejar su logro.

5. (   ) El adolescente (de 14 años) aprueba las cuatro materias que había reprobado, en examen extraordinario con notas finales de 8 y 7. Su papá lo reprime fuertemente porque no fueron de 9 o más.

6. (   ) La niña (de seis años) se lava los dientes después de comer. La mamá le dice "Estoy orgullosa de ti porque eres muy limpia, te felicito, sabes cuidar tu salud".

7. (   ) El niño (de nueve años) rompe sus libros y cuadernos, no los cuida. El papá le dice "Si cuidas tus útiles a fin de año te daré una sorpresa…" (es enero).

8. (   ) La niña (de ocho años) insiste en ir a jugar y promete por tercera vez que después hará la tarea, algo que no ha cumplido. La mamá le dice "Está bien, me ganas por cansancio. Ve a jugar y después haces la tarea".

9. (   ) Dos hermanos (de siete y nueve años) pelean entre sí. La mamá interviene y les dice "Ambos tendrán como multa

no ver televisión ni usar la computadora, cada uno se alejará a otro lugar de la casa durante una hora.

10. (   ) Dos hermanos (de seis y ocho años) acumulan tiempo sin pelear. La mamá les dice "Si continúan así hasta el sábado, festejaremos juntos e iremos a ese lugar que les encanta. Aprecio que se relacionen con respeto y gracias por contribuir a la paz en el hogar".

> Resultados
> 1-E, 2-E, 3-E, 4-M, 5-E, 6-M, 7-E, 8-E, 9-M, 10-M

Errores comunes de "señalización" de los caminos a seguir

1. Inconsistencia en la aplicación de reglas

Un día motivamos, otro no, otro quién sabe, y otro incluso castigamos. Esto sucede muchas veces cuando los papás no se ponen de acuerdo: uno de ellos quizá consienta un berrinche, mientras el otro lo castiga. Sin embargo, aquel que lo consintió puede cansarse y castigarlo fuertemente… Tal situación crea un mundo de incertidumbre, estrés y daño; los hijos tienen que aprender cuándo sí, cuándo no, cuándo no se sabe y cuándo las reglas operan al revés. Imagina cómo conducirías en una carretera en la que las señales cambian continuamente…

Es muy importante que los papás lleguen a un acuerdo sobre cómo manejar las acciones de sus hijos y que se apeguen a un mismo tratamiento. Ello favorece la formación de hábitos y crea congruencia y paz. En breve les comentaré qué reglas sirven para "cerrar filas" y presentar un frente común, aun cuando los papás no vivan juntos.

2. Gratificación o incentivos inadecuados

Cuidado cuando el poder del padre y la madre de gratificar a su hijo se ejerce asociándolo a comportamientos indeseables o sin ninguna relación o claridad respecto a lo que se desea. Los padres son una fuente poderosa de incentivos y gratificaciones para los hijos, pero pueden "leer mal" este poder si las reglas no precisan los caminos a seguir. Por ejemplo, tenemos el caso

de un hijo muy consentido que está aprendiendo a interpretar que, haga o no haga nada, le irá bien y tendrá todos los privilegios. No hay esfuerzo, de todos modos me va bien... ¿cuál es la ventaja del esfuerzo si obtengo siempre lo que quiero? Si nuestros hijos entienden el valor del esfuerzo como un valor interno, no habrá problemas de hábitos o disciplinas. No obstante, en muchos casos los pequeños –y los no tan pequeños–, tienen que experimentar que este mundo requiere que nos esforcemos para tener logros y los papás pueden ayudar mucho acomodando la regla para ello.

Según estudios realizados sobre motivación, cuando a una persona, en especial un adolescente, le va bien haga lo que haga, y no hay una relación o conexión directa entre su esfuerzo y sus logros y consecuencias, suele abatirse, deprimirse o desmotivarse, lo cual se refleja en su comportamiento. Si éste es el caso, hay que corregir de inmediato la regla con las recomendaciones que daremos a continuación.

De acuerdo con estudios del científico Martin Seligman, sucede también lo contrario: si invierto todo mi esfuerzo una y otra vez, y no tengo consecuencias positivas, puede llegar un momento en que me deprima, abata o rinda totalmente. Los papás podemos vigilar que esto no ocurra si acercamos esas consecuencias favorables y las ligamos a la lucha y el avance real, aunque sea mínimo. (Es necesario reconocer los pequeños pasos para llegar a la meta, no tomarlos con indiferencia o sin prestarles atención.)

De igual manera, a veces premiamos comportamientos o productos de éstos que francamente conllevan destrucción, agresividad o pasividad que afecta la vida personal y social de nuestros hijos. Por ejemplo, imagina a un papá o mamá que condena severamente a los demás, y se ríe y hasta aplaude cuando sus hijos dicen o señalan las "estupideces" de otros. No se da cuenta del gran poder que tiene al ser un modelo y esas "aceptaciones sociales" pueden generar comportamientos graves de consecuencias lamentables para sus hijos.

Para evitarnos estas sorpresas tenemos que elaborar la regla de la casa con claridad y mandar señales correctas. ¿Qué valores, actitudes, posiciones humanas y sentido de vida vamos a sugerir a nuestros hijos aprobándolos y aplaudiéndolos? Estas acciones ¿realmente los llevarán al amor y la salud, la felicidad y plenitud propios y de quienes conviven con ellos? Toda familia debe especificar los valores en los que cree y dar "señalizaciones" indudables de aprobación cada vez que sus hijos se encaminen a ellos. No podemos educar bien si no tenemos filtros y tomamos decisiones al respecto. Es conveniente que todos nos alineemos de corazón a nuestras creencias, a la congruencia del modelo, acción y consecuencia siempre que sea posible (descartando lo perfecto).

Por ejemplo, muchos pequeños que acaban en la criminalidad tienen una historia de señalamientos incongruentes contra la vida, al grado que aprenden bajo entrenamientos muy precisos a no sentir simplemente nada con el sufrimiento de otros.

Nada se definió a favor del amor y fueron víctimas de constantes violaciones a sus derechos humanos.

3. El amor incondicional no es aprobación incondicional

El amor incondicional que damos a nuestros hijos nada tiene que ver con indicarles lo que se desea y no se desea por ser lo que les conviene o no. Esto implica poder brindar reconocimiento y desaprobación o incluso corregir o sancionar. Amor incondicional no es aprobación incondicional. Este tipo de amor a veces se malentiende y algunos padres protectores hacen pensar a sus hijos que, ni siquiera en lo que es una evidente falta de respeto de su parte, hay que corregirlos o, sencillamente, tienen que callar o hasta secundarlos y protegerlos de sus actos vandálicos.

Esto significa un daño severo y nada tiene que ver con el amor.

Valores por aplaudir y señalar

Instrucciones

Describe qué valores y acciones conviene aplaudir, aprobar, festejar y señalar a nuestros hijos en casa (sé lo más específico posible definiendo las operaciones concretas de la acción o su producto).

Ejemplo

Valor	Acciones
Honestidad	Decir cuándo nos gusta y no nos gusta algo (sin ofender), pedir cosas que no son nuestras (ropa u otros).

En los siguientes valores y acciones habrá señales muy claras a nuestros hijos (aunque aplica para todos).

Valores	Acciones
_____	_____
	_____
	_____
	_____
_____	_____
	_____
	_____

Tercer paso:
más sobre señalización.
¡Por aquí sí!

El equilibrio es un factor fundamental
del ejercicio de la calidad humana.
Jeka

**El acierto
se define como:**

Habilidad o destreza en lo
que se ejecuta.

Real Academia Española

Acciones y fuerzas a favor del hábito. Aciertos ‖‖‖‖‖‖‖‖‖‖‖‖‖‖‖‖‖‖‖‖‖‖‖‖‖‖‖‖‖‖‖‖‖‖‖

Así como en el capítulo anterior analizamos el tema de los errores y su relevancia para aprender a avanzar por el camino correcto, ahora veremos el no menos importante de los aciertos y la mejor manera de reconocerlos.

Iluminando el camino a nuestros hijos: señales poderosas y reglas de oro

Las siguientes son mis recomendaciones y reglas de oro para señalizar el camino.

1. Aplaudir los comportamientos, actitudes, pensamientos o logros beneficiosos de tus hijos

En el proceso de formación de hábitos, recuerda siempre recibir los comportamientos, actitudes, pensamientos o logros de tus hijos que los benefician con mensajes inequívocos de aprobación, aplauso y entusiasmo.

La aprobación de los padres es un gran indicador para que sus hijos sigan el camino correcto y resulta aún más poderosa si se añaden privilegios o regalos. No hablamos de "sobornos" ni nada de este tipo; más bien, de festejar el acierto, aceptarlo con gusto y relacionar los logros con las consecuencias positivas. Esto genera autoestima y autoconfianza, ya que les impregna el sentimiento y la mentalidad de "yo sí puedo lograr", fundamentales para la historia de su vida.

Muchas veces les regalamos a nuestros hijos objetos sin que hagan nada por ganárselo. Hacerlo no tiene implicaciones desfavorables, como tampoco las tiene establecer con ellos convenios para que obtengan algún privilegio si cumplen con esfuerzos y metas propuestas. Más adelante sugerimos tipos de motivadores y cómo planificarlos correctamente.

Dar una señal positiva inmediata por parte de los padres es fundamental para iluminar el camino. En niños pequeños (hasta los cinco o seis años de edad), hacerlo unos segundos después provoca una enorme diferencia en la motivación. El anuncio positivo y el festejo con un privilegio deben ser inmediatos. En el siguiente capítulo veremos ejemplos de aplicación.

También se incluye en esta regla los "pequeños logros". No tenemos que esperar a que se dé todo lo que deseamos de manera perfecta; por el contrario, cualquier avance, por mínimo que sea, pero que se oriente en la dirección correcta y refleje que el movimiento ha iniciado, debe contar con nuestra atención y el tratamiento favorecido.

Los papás debemos cazar permanentemente aquello que es conveniente reconocer. Te daré un ejemplo. Martha, la mamá de Sofía, ha tenido cierta tendencia a elegir demasiados carbohidratos y azúcares en su alimentación, y desde su pubertad ha luchado constantemente con el exceso de peso. Actualmente su hija de nueve años empieza a mostrar algo de sobrepeso. Sin embargo, Martha ha avanzado en el conocimiento de una mejor selección de alimentos y, aunque en el pasado no logró seguir mejores dietas, está decidida a que su hija no pase por el mismo calvario que ella ha atravesado y que ahora ya controla un poco mejor.

Martha ha conversado bastante con Sofía sobre la alimentación ade-

cuada, pero ahora se da cuenta de que debe emprender acciones más sólidas y fuertes para mejorar los hábitos en cuestión. Le dice a su hija que desde ahora trabajarán en equipo y cambiarán ciertos patrones alimenticios. Para su sorpresa, Sofía le brinda todo su apoyo y reacciona con entusiasmo; además, propone iniciar un plan de ejercicio más fuerte. Si bien esa reacción motiva y entusiasma a Martha en su interior, no le comenta nada a Sofía.

Esa noche Martha reflexiona en que conviene agradecer y reconocer a su hija su actitud y por estar tan dispuesta a mejorar, cooperar y saber escuchar. El día siguiente le dice, de manera atenta e individual:

—Mi querida hija, te felicito por tu pronta aceptación para aplicarnos en mejorar la nutrición y tu rápido compromiso para actuar en forma diferente… ¡gracias! —la abraza efu-

sivamente y añade—: Tu actitud me fortalece para trabajar en equipo contigo. ¡Gracias por saber escuchar!

Este elogio, que Martha pudo omitir y simplemente no decir nada, en realidad es una lluvia luminosa de estrellas para su hija. Con ello le comunica muchas cosas, que le servirán no sólo para la dieta, sino para el resto de su vida y en muchas áreas más. Podemos ser fríos y distantes modelando para que ellos hagan lo mismo con nosotros, pero así perdemos momentos preciosos que nunca regresan y no tienen por qué desperdiciarse. (Para un incremento sustancial de mensajes positivos, recomiendo el libro *Sana a tus hijos emocionalmente con el poder de la palabra*, del mismo autor y publicado por Editorial Pax México.) Si los papás no estamos para hacer la mejor siembra posible de hábitos positivos en nuestros hijos, ¿para qué estamos?

2. No prestar atención a comportamientos, pensamientos, actitudes o resultados no convenientes

Por otra parte, el padre o la madre de familia no prestará atención, o ignorará, los comportamientos, pensamientos, actitudes o resultados obtenidos que no son convenientes para mejorar cualquiera de las tres variables clave para sus hijos (salud, felicidad y plenitud).

No se trata de "ignorar" a su hijo, sino, simplemente, de no dar señales de atención a lo que no vale la pena. Esto se vuelve muy poderoso cuando a la vez asociamos la manifestación de aprobación a la conducta deseable. Por ejemplo, si la niña dice "No sirvo para nada", los papás corrigen y le dicen que eso es mentira y que esas frases no se tomarán en cuenta. Y cuando la misma niña expresa de alguna manera su valor positivo (que incluso pudieron haber sugerido sus papás), éstos aplauden, la felicitan y escuchan. Así, se mantienen congruentes: cada vez que la hija diga alguna frase que la demerite, ellos ignorarán lo dicho, pero, al mismo tiempo, cada vez que exprese alguna frase de su valor, ellos aplaudirán.

No respetar esta regla puede traer problemas en casa. Recuerdo que un niño de cuatro años decía "caca", y fue tanta la atención que recibió a cambio, que poco tiempo después la repetía en cada momento que podía. Por consiguiente, lo ideal hubiera sido: no reaccionar en absoluto si el

niño dice "caca", y prestarle absoluta atención si dice otras cosas o palabras más aceptables.

Evidentemente, lo anterior se refiere al manejo de situaciones sencillas. Si sospechas que los casos reflejan problemas más complejos, usa otras estrategias o consulta al especialista. Prestar atención a acciones inapropiadas puede generar problemas severos, como algunos berrinches que llegaron hasta el vómito y reacciones muy exageradas, dado el mal manejo de la dificultad por parte de los padres.

Puede ser regla generalizada de la casa, "En esta casa se ignorarán las frases destructivas, palabras agresivas o acciones inútiles y sin proporción. Las acciones positivas recibirán toda la atención y reconocimiento". Por supuesto, hay acciones que no pueden sólo ignorarse. ¿Qué hacer en estos casos? Lo veremos un poco más adelante.

3. Festejar las acciones saludables, felices y productivas

> Un reconocimiento positivo puede cambiar a la persona, a un país, ¡al mundo!
>
> JEKA

Puedes festejar los aciertos de tus hijos, o sus resultados o pasos hacia ellos, de tres maneras básicas:

a. Con el reconocimiento *social*, es decir, reaccionar con ánimo aprobatorio y feliz, hablar bien con otros de lo que tus hijos hicieron (procurando que ellos lo escuchen), compartir su felicidad y alegría.

b. Asociar con el festejo *actividades* que les gusten, por ejemplo, ir al cine, pasear, jugar en algún lugar especial, usar la computadora, entre otras. Si tus hijos cumplen, autorizar que se dediquen a sus actividades favoritas o facilitar su realización.

c. Festejar sus logros mediante *aspectos materiales*, que van desde un aumento en su asignación semanal o el dinero que acostumbran darle los domingos o de comprarle ese objeto que desea.

Un papá prometió a sus dos hijos que, si tendían las camas y ordenaban su cuarto, podrían realizar la actividad que quisieran en el fin de semana. Ellos cumplieron al pie de la letra, pero cuando eligieron ir al parque, el papá les dijo "Nada de eso…, qué flojera, mejor nos quedamos en casa a ver películas". ¿Puedes pronosticar el futuro de estos hábitos?....

Un buen plan motivacional debe incluir elementos de las tres áreas: *social*, de *actividad* y aspectos *materiales*. Te sugiero no premiar con comida, aunque es posible hacerlo si tu hijo elige un alimento saludable y en la proporción adecuada.

Algo muy evidente es que el aspecto motivacional lo define tu hija o hijo. Por tanto, antes de empezar tu plan de formación de hábitos, necesitas tener una buena lista de señales motivacionales del aprendizaje. Para ello, define en específico algunos factores sociales, actividades y aspectos materiales que le gusten y quisiera tener.

Los estudios señalan que estos festejos del acierto subirán la autoestima, la motivación al logro, el sentido de autocapacidad –"yo puedo"–, autoconfianza y seguridad de tus hijos; asimismo, multiplicarán muchas otras conductas de hábitos saludables más allá de la que estás formando. Muchas veces ocurre una "generalización formativa" que impacta positivamente otros hábitos o actitudes.

Lo que empezó a ser un éxito por leer, puede llegar a ser el mejor hábito de lectura del mañana, y la meta es siempre la internalización. Si los papás señalan bien el camino al principio, las señales se volverán internas, lo mismo que el gusto por realizar y todas las ventajas adicionales que tus hijos experimentarán como beneficios naturales de un hábito positivo bien ejecutado.

Por ejemplo, el aseo personal adecuado provoca elogios de los demás, evita enfermedades, nos coloca como ejemplo a seguir, gana más sonrisas de aprobación, nos hace sentir bien y ser capaces de influir mejor en otros, etcétera.

Por lo regular la formación de un hábito positivo no sucede de manera natural. Es común que los niños no quieran estudiar, hacer la tarea, comer verduras, lavarse los dientes, obedecer...

Por ello, al principio necesitan nuestro apoyo inteligente y minucioso, para que después triunfen y se mantengan por sí mismos con el tiempo.

Eso es lo que queremos que suceda, como veremos en los ejemplos presentados más adelante.

Una gran idea personal que todo hijo debe experimentar en sí mismo es "Yo soy capaz, puedo controlar mis esfuerzos y sé lograr metas". Para conquistar este pensamiento necesitamos que lo viva, no se logra sólo con sermones, y somos los padres (junto con otros educadores), los llamados a diseñar esta afortunada conclusión vivencial.

Un hábito en un hijo se forma ayudándolo en un inicio. Después éste se volverá un recurso permanente y automático que lo ayudará durante toda su vida (internalización y generalización). (Véase la figura 3, "Apoyo externo y formación de hábitos".)

Figura 3. Apoyo externo y formación de hábitos

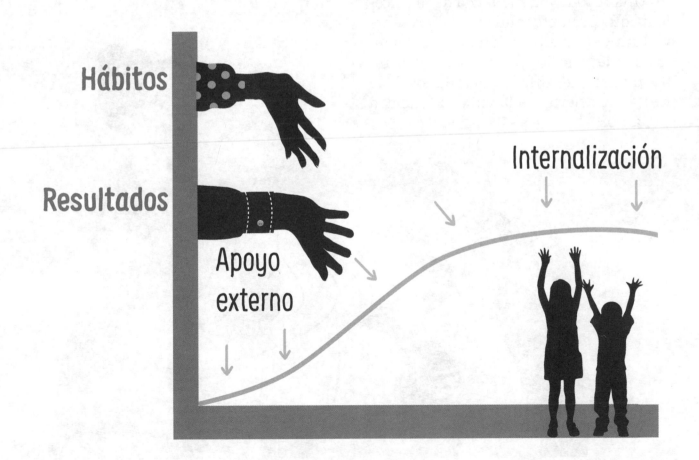

Celebrar el acierto es un acto reflexivo, de convencimiento, de consecuencia positiva. No es un simple "pago" ni se asocia con ello. Es una manera de poner una presencia manifiesta por haber logrado algo que vale la pena y con eso sellar el camino bien indicado.

Lo que hacemos adecuadamente debe estudiarse, festejarse y analizarse, para poder repetirlo y aun mejorarlo. Por ejemplo, ya sabemos mucho sobre por qué las parejas se separan... pero ¿sabemos a ciencia cierta lo que hace que estén felices y juntas? ¿Podemos aprender de los procesos de éxito para seguirlos, reproducirlos, practicarlos y optimizarlos? La verdad es que, por lo general, nos hemos inclinado a ver lo que está mal, ignorando algo más.

Una revolución moderna de la psicología que promete mucho en el presente y el futuro es la creación de una orientación de psicología positiva, realizando análisis científicos y detallados de la fiesta del acierto, de la vida, la felicidad y el amor.

Hay que expandir el amor de tal manera que no quede espacio para otra cosa...

Ejemplo

Te cuento lo que hizo una familia. Mariana se lamentaba porque cuando llegaba a casa del trabajo, sus hijos salían a quejarse unos de otros y a acusarse de lo mal que se habían portado durante el tiempo en que esperaron su llegada. Mariana se sentía abrumada y no sabía qué hacer o cómo actuar dado que no había estado presente. Sin embargo, se percataba de que comentaban incidentes menores; parecía una feria de "chismes", más que otra cosa.

Con el deseo de cambiar a un ambiente más positivo, Mariana aplicó uno de los métodos sugeridos, que consiste en lo siguiente.

1. Escribir en tiras de papel los nombres de todos los miembros de la familia (incluyendo el del papá o la mamá).
2. Sortear con su familia las tiras de papel con los nombres y pedir que cada miembro escoja uno (si toca el propio nombre, se vuelve a rifar). No se permite decir qué nombre le tocó a cada quien.
3. Identificar algo positivo que la persona que le haya tocado en la rifa, haga durante el día.
4. Más tarde, al cenar todos juntos, cada uno informa a quién estuvo "vigilando" y qué aspecto positivo de su comportamiento vio durante el día... cualquier cosa. Al final, se felicitan y se abrazan.
5. Se prohíben comentarios irónicos o negativos.

La familia está formada por Andrés (el papá), Mariana (la mamá), y sus tres hijos adolescentes (13, 15, y 16 años), el mayor del primer matrimonio de Andrés. Enfrentaban el problema de que había muchas discusiones entre los jóvenes, disputas porque, en vez de pedirse las cosas mutuamente, se limitaban a tomarlas y empezaron a entrar en conflictos frecuentes, aunque sin violencia física.

Después de hablar y convencerse todos, Andrés pidió que cada uno dijera lo que le gustaba de sus hermanos durante esa semana.

Aun sin hacer la rifa, ya en la primera reunión para hablarse positivamente, se conmovieron y señalaron: "No sabía que a mi hermano le gustaban estas cosas", o "Descubro en mi hermano estas cualidades de las que no me había dado cuenta". Hubo hasta algunas lágrimas de felicidad. Andrés daba el ejemplo, hablando positivamente de Mariana, y viceversa.

El procedimiento duró un mes y el nivel de conflictos bajó rotundamente, hasta que todos empezaron a cooperar más entre ellos y a prestarse cosas sin disputa alguna.

Dos años después, el problema no se ha reavivado y las relaciones son estables.

Por supuesto, no sugiero que todos los conflictos se resolverán de la misma manera. Cada familia tiene su problemática y no seremos simplistas, pero también es cierto que a veces, con sólo realizar cambios simples y apoyar ambientes favorables, los conflictos ceden. Así, se hacen más sólidas las relaciones afectuosas que ya se tienen, pero que pueden caer en baches que, de no ser atendidos preventivamente, pueden generar desintegración y dolor innecesarios que nos roban a todos la riqueza y oportunidad preciosa de convivir.

Ejercicio 9.

Describiendo aspectos positivos: ejercicio para la pareja o los involucrados en la educación de los hijos

Instrucciones

Describe tres cosas positivas que tu pareja hace bien como educador(a) de tus hijos. (Tu pareja hará lo mismo contigo.)

1. _____

2. _____

3. _____

Intercambien la información asentada en el ejercicio en los mismos tonos. No se permiten comentarios negativos o irónicos.

Rifa de "pesca de aciertos"

Instrucciones

Sugiero que realicen este ejercicio como familia completa, en la forma en que expliqué la rifa o con las variaciones que deseen. El punto es lograr siempre el objetivo y observar todo lo que se aprende al practicarlo una o más veces.

Conclusiones de aprendizaje

_____

_____

_____

_____

_____

_____

Motivadores del aprendizaje para festejar los comportamientos deseables que ayudan a la salud, felicidad y rendimiento de nuestros hijos

Instrucciones

Detecta los gustos saludables de tus hijos, ya sea preguntándoles o registrando qué hacen en su tiempo libre. De acuerdo con ello, prepara una amplia lista de actividades con las que puedes festejar sus aciertos (la mejor opción es combinar categorías) respecto al plan que has ido elaborando para ellos. Ahora, haz una lista de cinco maneras de festejar por categoría para cada uno.

Ejemplos

Salir de paseo, leer cuentos, escuchar música, ver programas de interés o películas, jugar con lo que nos gusta, practicar un instrumento musical, hacer obras de teatro o juegos de actuación, jugar un deporte, formar una figura con plastilina, armar algo, pintar, ir a fiestas, invitar a amigos, tomar clases de baile u otras, andar en bicicleta, sentirse bien por algo que se logró, hablar con miembros significativos de la familia sobre sus logros, nadar, comprar algo, usar la red, elegir el desayuno (que sea saludable o no rompa el equilibrio nutricional), escribir, jugar con muñecas o muñecos, estar con amigos, leer libros, etc.). Cada hijo es un caso individual y único.

• •

Hija (nombre): _____

Lo que podemos emplear para festejar sus aciertos (Lo que realmente le motiva)

Motivación social

1. _____

2. _____

3. _____

4. _____

5. _____

Motivación de actividad

1. _____

2. _____

3. _____

4. _____

5. _____

Motivación material

1. _____

2. _____

3. _____

4. _____

5. _____

En el caso de lo material, no es necesario que sea algo caro, de ninguna manera. Pueden ser objetos sencillos o pequeños. Si hay algo que implique un costo mayor (por ejemplo, una raqueta de tenis o un balón de futbol oficial) y se puede festejar con esa compra, sugiero que lo partan en cuatro o cinco bonos que implican que el hábito que estamos formando deberá manifestarse durante unas cuatro o cinco semanas. Esto lo veremos más adelante en los casos ejemplares que manejaron ya algunos padres con mucho éxito.

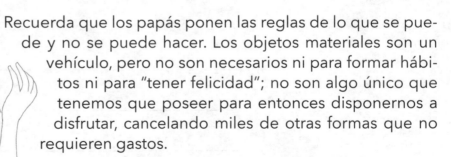

Recuerda que los papás ponen las reglas de lo que se puede y no se puede hacer. Los objetos materiales son un vehículo, pero no son necesarios ni para formar hábitos ni para "tener felicidad"; no son algo único que tenemos que poseer para entonces disponernos a disfrutar, cancelando miles de otras formas que no requieren gastos.

Por lo general de inmediato se buscan objetos materiales, eso es lo fácil, y a veces los brindamos sin relacionar otros más importantes, como el afecto mismo, el tiempo de calidad con los hijos, o la diversión que sólo requiere la inversión entregada y amorosa del tiempo de los padres: "leerles algo y comentar", por ejemplo.

La clave radica en lo que vimos en módulos anteriores. La felicidad se trabaja y es un proceso que depende de nuestras decisiones. El objeto, la actividad o el aspecto social pueden a veces estar o no estar, y no por ello se cierran todas las puertas para lograr ser feliz, ni mucho menos. Esto implica romper la dependencia de una "felicidad pasiva": "Necesito A para lograr B", contra una "felicidad activa": "Prefiero tener A para lograr B, pero no es indispensable que lo tenga; si no se puede, me muevo a la opción 2, 3, 4 o 5, y lograré A, y si ninguna opción existe, tampoco se vuelve miserable la vida".

· ·

Hijo (nombre): _____

Lo que podemos emplear para festejar sus aciertos (Lo que realmente le motiva)

Motivación social

1. _____

2. _____

3. _____

4. _____

5. _____

Motivación de actividad

1. _____

2. _____

3. _____

4. _____

5. _____

Motivación material

1. _____

2. _____

3. _____

4. _____

5. _____

¡La poderosa caja sorpresa!

Una estrategia muy útil para festejar los aciertos y logros de nuestros hijos, la cual es práctica y muy motivacional, es la que llamaremos la "caja sorpresa".

Ejemplo

Presentaré un caso que trabajaron unos papás, aprendiendo lo que tú haces con

este módulo. El caso tiene ya más de 10 años de seguimiento y los resultados han sido magníficos. Te contaré la historia.

Jaime y Gabriela, con tres hijos pequeños (de cuatro, cinco y siete años), enfrentaban dificultades para que éstos se lavaran las manos y los dientes, mantuvieran una postura adecuada en la comida e interactuaran en paz por un tiempo (se peleaban durante el día con frecuencia, incluso se mordían y diariamente había golpes o escaramuzas entre ellos). Esto perturbaba la convivencia. Los papás hablaron con ellos y, convencidos de que la situación debía mejorar por el bien de todos, establecieron lo siguiente.

Por cada día que cada uno de ellos cumpliese con lavarse manos y dientes, mantuviese una postura adecuada en la comida y pasase el día en paz, tendrían acceso a la caja sorpresa: a las nueve de la noche, antes de irse a dormir, podrían sacar algo de la caja; así festejarían su éxito.

En la caja sorpresa había carritos de bajo costo, algunos sobres con estampillas, letreros de felicitación y vales para intercambiar por actividades; por ejemplo, ver un video, elegir la comida (saludable) del día siguiente, leer un cuento, entre otras cosas.

Podían sacar algo de la caja si cumplían con los tres requisitos. Si no, no había acceso ese día; al siguiente era borrón y cuenta nueva, y podían ganárselo ese mismo día. Además, si lo que sa-

caban no les gustaba, tenían derecho a hacer un segundo intento únicamente.

Cuando había pleitos o agresión, sin averiguación todos perdían ese día el acceso a la caja sorpresa (esto se recomienda porque la víctima y el provocador llegan a cambiar de roles y como muchas veces los papás no los ven, se cometen injusticias al elegir sancionar a alguien) y se insistía en que a todos les convenía hacerse responsables de su relación compartida. Esta condición puede variar si hay un infractor claramente repetitivo, en cuyo caso se sugiere un plan específico para éste.

También se puso un calendario visual con la fotografía de cada uno de los hijos y cada día de éxito, de cumplimiento de las tres acciones, se marcaba con una carita feliz. Entonces se festejaba con felicidad, y ellos mismos ponían la carita en la gráfica. De vez en cuando los abuelos llegaban a felicitarlos.

Cuando no había logro, simplemente se dejaba el cuadro del calendario en blanco sin decirles nada ni darles acceso a la caja. Sin embargo, se ponía énfasis en que lo podrían lograr el día siguiente, siempre dando esperanza. Los domingos no contaban.

Los resultados fueron los siguientes:

- Línea de base = 0 días
- Primera semana = dos accesos a la caja sorpresa
- Segunda semana = seis accesos
- Tercera semana = cuatro accesos
- Cuarta semana = cinco accesos

El ambiente familiar cambió sustancialmente. El segundo mes se suprimió la caja sorpresa y de manera natural se adoptó esta nueva manera de actuar. Todos se sentían bien y me comentan los papás que los niños pedían esmerarse en otras cosas ¡por cuenta propia! (esto es frecuente cuando se dan los círculos virtuosos, hay una generalización a otras conductas).

Diez años después la familia me comenta que nunca volvieron los pleitos, la armonía entre ellos es muy aceptable y viven la fiesta en paz. Además, en otras áreas hay cumplimiento de responsabilidades en muy buen nivel.

Tampoco hay que subestimar los efectos para los papás, quienes se sienten mejor. La mamá, que estaba muy ansiosa y contrariada, ganó toneladas de paz, y en él subieron la autoestima y el sentido de "padre efectivo y positivo". A su vez, esto aumenta las posibilidades de que amplíen sus éxitos formativos.

Capítulo 8

Tercer paso: más sobre señalización. ¡Por aquí no!

Las consecuencias de nuestro comportamiento nos enseñan caminos, van marcando el presente y el futuro. Cuando son de corrección sana, nos hacen pensar, madurar y crecer.

Jeka

Acciones y fuerzas para corregir sanamente ⦀⦀⦀⦀

Una buena señal formativa dice: ¡Por aquí sí! Y ¡por aquí no! ¿Cómo corregir sanamente?

Las acciones, actitudes o pensamientos que van en contra de la salud, felicidad y desarrollo de la plenitud de nuestros hijos deben señalarse en forma inequívoca y consistente como el camino inadecuado para llegar a sus objetivos, el cual incluso puede reservarles muchos peligros.

Es fundamental corregir los comportamientos no deseables y que merman las tres variables cruciales. Tal vez ya se intentó la reflexión y si funcionó, magnífico; de no ser así, hay que seguir mandando señales sobre la experiencia que tienen que vivir y crear una "conciencia dirigida" y bien controlada. Eso

> **Corregir se define como:**
>
> Enmendar lo errado. Advertir, amonestar, reprender.
>
> *Real Academia Española*

implica una pérdida de privilegios por las acciones destructivas.

Ya vimos que las acciones constructivas llevan a ganancias de atención y beneficios, en tanto que las acciones opuestas tienen como consecuencia constante la pérdida de dichas ganancias. Esta regla debe aplicarse siempre simultáneamente, así nuestro poder de señalización se vuelve de lo más eficaz.

Corregir a nuestros hijos, aplicarles una especie de multa, o pedirles que reparen un daño que hayan causado, no tiene que implicar posiciones de demérito ni daños para ellos. A veces los padres o madres, llevados por su enojo, condenan severamente a sus hijos, los humillan, desprecian o plantean serias amenazas. La señal de "no es por este camino", no tiene que darse con sangre y no debe ser irracional. Podemos incluso entender las razones de la acción, pero eso no significa estar de acuerdo y requiere la aplicación de una sanción reflexiva que ayude a madurar y crecer.

Ejemplo

Juan y Sara acordaron con sus hijos que las tareas se entregaban antes de las siete de la noche, terminadas con calidad. Después de reflexionar sobre las ventajas de hacerlo, había "convencimiento", pero se descubrió que las tareas no se hacían y la mayor parte del tiempo se desperdiciaba jugando en la computadora.

La señalización de los papás es la siguiente.

- Por cada día que se entregara la tarea a destiempo y sin la calidad necesaria, se perdían los derechos a usar la computadora (multa reflexiva) el día siguiente. Y así cada día.
- Si no se cumplía con un mínimo de tres días de tarea entregada a tiempo y con calidad, no habría permisos el fin de semana.
- Por cada día de tarea entregada a tiempo, la señal es "Hay permiso de jugar en la computadora hasta las 10:30 de la noche (a las 11 se apaga todo), y si se cumple con un mínimo de cuatro días a la semana, hay permisos el fin de semana y un "bono sorpresa".

Nótese que la corrección jamás se da sin los beneficios de tomar el camino correcto, no está aislada o sola.

Sin gritos, sin insultos, sin amenazas, sin frases de pesimismo, reflexionando todos, negociando pero dejando bien claro ¡por aquí sí! (y festejamos de muchas maneras), ¡por aquí no! (y corregimos para renovarnos y retomar el camino).

Sanciones irracionales

Las sanciones irracionales generan daño y más peligros. Algunas son las siguientes:

- Insultos
- Agresiones
- Etiquetas negativas (eres un "tonto")

- Comparaciones nocivas
- Demostración de emociones severas y extremas (gritos y maldiciones)
- Actitudes condenatorias y descontadoras
- Aplicación de castigos "ejemplares"
- Falta de señales de "¡Por aquí sí!"; en otras palabras, si hay comportamiento deseable no hay reconocimiento, lo que debilita el plan de señalamientos
- Uso de frases sin esperanza: "tú nunca", "tú siempre", "jamás vas a…" (profecías negativas)
- Castigo al entendimiento, lo cual merma la capacidad de ejercitar la calidad humana
- Inconsistencia, correcciones esporádicas, omisión de otras… como si no importara realmente o hubiera una clara voluntad para rectificar

Sanciones racionales, de reflexión

Las sanciones racionales son las más efectivas y formativas (pueden generar dolor en el proceso de maduración, pero no daño). Algunas son las siguientes:

- Invitación a la reflexión
- Invitación al entendimiento, a detectar el porqué (aunque no estemos de acuerdo, entender no es aceptar)
- Actitud comprensiva, pero sin ceder en la meta que necesita conquistarse
- Transmisión de mensajes de optimismo y esperanza: "Tú vas a poder", "Mejorarás poco a poco", "Ya lo has superado antes"
- Corrección calmada y firme a la vez
- Respeto a la individualidad
- Buenas señales de "¡por aquí sí!", elaboración de un buen plan de reconocimiento del logro opuesto al camino equivocado
- Análisis de los efectos de la acción poco saludable, creación de conciencia
- Corrección con congruencia, cada vez que ocurre el comportamiento en cuestión, y aplicación de la consecuencia acordada; si hay rectificación, se festeja en la forma acordada y siempre hay posibilidad de renovación
- Fijación de las siguientes sanciones de reflexión sugeridas: multas; pérdidas de privilegios; restricción de permisos o actividades; reparación del daño que se hizo, desde disculpas hasta el pago monetario por algo roto, por ejemplo; corrección de lo realizado y actuación correcta; no tener acceso a algo que se desea (por

ejemplo, el caso de no poder sacar algo de la caja sorpresa)
- Cero golpes físicos e insultos (los papás aprenderán a expresar su enojo sin ofender (véase el módulo *Familias con comunicación*); todo puede decirse con respeto

Suele haber controversia respecto al golpe físico. Algunos papás y mamás lo han aplicado y piensan que sí les dio resultado, aunque a veces tienen sentimientos de culpabilidad. La mayoría de los adultos con hijos hemos cometido errores, pero –como dijimos antes– no es lo mismo un leve golpe cuando el niño pequeño va a meter las tijeras en el contacto eléctrico que pellizcarlo por cualquier cosa. La agresión del golpe físico puede rápidamente convertirse en un método preferido porque de inmediato hace que los comportamientos que queremos modificar cedan. Esto impide un intento más reflexivo e inteligente de las situaciones y no sólo eso, puede tener secuelas emocionales y mentales muy graves. No es la mejor señal y es poco creativa. Además, es una clara violación de los derechos humanos del menor.

Un buen plan de señales deja a los papás libres para interactuar con sus hijos con una alta calidad, aplicando las reglas. Sin embargo, al principio hay que sembrar bien el plan, y ya después todo ocurre de manera automática. ¡Esa es la conquista precisa de un hábito!

La fantástica "área de reflexión"

Una estrategia muy útil para ayudar a corregir algunos comportamientos que pueden ser agresivos o que causan alteraciones incómodas –como pueden ser los berrinches sin justificación o los pleitos entre hermanos–, es la llamada "área de reflexión", la cual consiste en lo siguiente.

La mamá o el papá establece un área agradable pero sin distracciones (por ejemplo, su recámara) y neutral (sin objetos o posibilidades de actividad distractora). Podría voltearse una silla o escritorio hacia un lado de la pared o hacia la cortina, o asignar un lugar especial, pero austero (evita sitios donde pueda asustarse, no es el objetivo), en el cual el niño o incluso el adolescente tendrá que permanecer por un tiempo preestablecido (se calcula un minuto por año de edad). Durante ese tiempo se dedicará a reflexionar sobre por qué está en ese lugar y qué hará para no tener que regresar continuamente al mismo. Al terminar el tiempo fijado, dejará el lugar y explicará inmediatamente a sus papás lo reflexionado; así podrán establecer un nuevo acuerdo.

Ejemplo

Santiago, de tres años y medio, hace berrinches constantes. Es hijo único y normalmente, cuando no consigue lo que quiere, se comporta con explosiones de enojo y gritos. Muchas veces esto le funciona y acaba consiguiendo su deseo o capricho. La situación es ya insostenible, dado que gradualmente ha generalizado esa actitud y ahora su exigencia es mayor y más intensa; realmente no hay justificación para darle muchas cosas que pide, pudiendo algunas ser poco saludables para él (como comer más dulces, no ir a descansar, no seguir instrucciones, etc.).

Linda, su mamá, emprendió un nuevo plan, que establece con claridad la regla de "por aquí sí" y por qué va o no a acceder a algo. Si Santiaguito empieza a presionar con un berrinche, Linda lo lleva con suavidad pero con firmeza a su "área de reflexión", ubicada en la sala en una silla que preparó para eso, sin cosas para jugar a su alrededor, un lugar neutro. En la silla tiene que estar cuatro minutos, calmarse, y pensar por qué está allí y qué puede hacer para evitarlo. Si al acabar ese tiempo sigue sin calmarse, la mamá le repite que tiene que salir del área tranquilo y añade un minuto más. Así lo hace cada vez que se presenta un berrinche.

Linda prepara una gráfica en la que registra una carita feliz cuando pasa un par de horas sin que Santiago haga berrinche. Lo felicita mucho y le recuerda que tendrá caja sorpresa si acumula tres caritas felices (seis horas sin berrinches).

En este caso la corrección eficaz llevó una semana. Los berrinches no volvieron o se presentaron muy de vez en cuando.

Dos semanas después, Linda suspendió la caja sorpresa y el uso del área de reflexión. Sin embargo, según me contó, ¡a veces el propio Santiago pedía ir al "área de reflexión" para pensar en algo cuya solución o mejora después comentaban!

El juego del lugar para la reflexión es muy útil porque rompe la secuencia del berrinche interminable y cambia la atención del desarrollo del problema y las amenazas o reacciones desesperadas, a un tiempo de dedicación a otra cosa, que es calmarse y pensar... Así ejercitamos un autocontrol y un hábito de cambio que le servirá al niño para siempre.

Ejemplo

Marissa tiene dificultades con sus hijos varones, de ocho y 10 años de edad, quienes pelean todo el tiempo y por cualquier cosa. Concluyeron que continuar con esa situación sería problemático para todos y acordaron lo siguiente:

- De presentarse un pleito, separarse durante 10 minutos y retirarse a su área de reflexión asignada.
- Escribir en un cuaderno por qué había ocurrido el problema y cuál era la oportunidad de mejora para evitar caer en más peleas.
- Al terminar, leer sus reflexiones a su mamá, quien los dejaría salir del área si se daban explicaciones razonables,

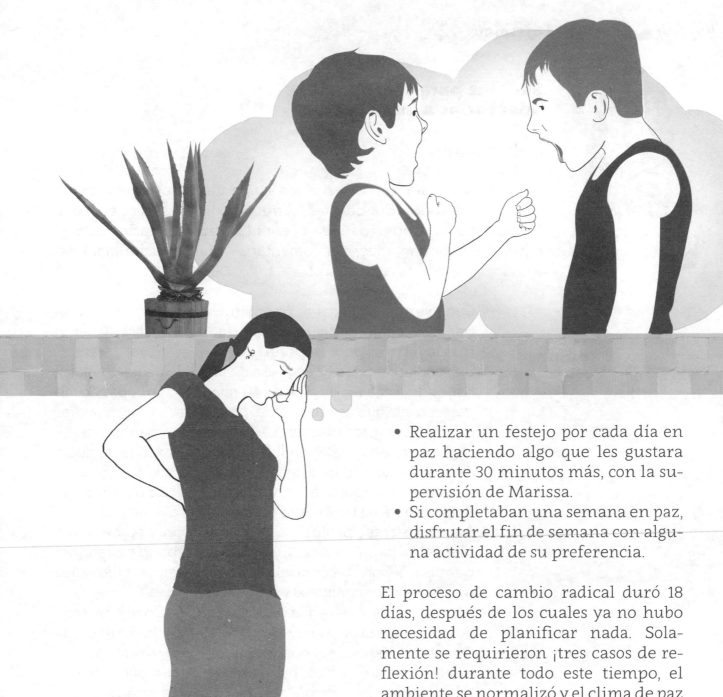

• Realizar un festejo por cada día en paz haciendo algo que les gustara durante 30 minutos más, con la supervisión de Marissa.
• Si completaban una semana en paz, disfrutar el fin de semana con alguna actividad de su preferencia.

El proceso de cambio radical duró 18 días, después de los cuales ya no hubo necesidad de planificar nada. Solamente se requirieron ¡tres casos de reflexión! durante todo este tiempo, el ambiente se normalizó y el clima de paz se mantuvo permanentemente.

(No te preocupes por los tiempos, pueden ser más o menos días. El asunto es contar con un plan formativo y reconocer que cada caso da resultados diferentes, hay que concentrarse en el propio sin hacer comparaciones.)

sin culparse, dejando atrás el pleito y concentrándose en soluciones.
• Llevar un registro de "días en paz", colocado en la pared. En éste se acumularían las reflexiones que tuvieran en el proceso.

Señales para el camino, adecuadas e inadecuadas

Instrucciones

Anota en los paréntesis una **A** si los siguientes casos muestran señalamientos adecuados para las "carreteras del aprendizaje", o una **I** si son inadecuados. Toma en cuenta las recomendaciones descritas. (Es importante leer los comentarios que se dan al final del ejercicio, junto a las respuestas.)

1. (   ) Cada vez que Carlitos hace una travesura, su mamá lo regaña. Sin comprender muy bien qué ocurre, dice "Cuanto más lo regaño, peor se porta".

2. (   ) Una adolescente de 12 años usa desmedidamente el celular, haciendo llamadas de más de 40 minutos. Sus papás acuerdan con ella que eso se sale del presupuesto y hay maneras de combatir estos excesos. Las enumeran y fijan una cantidad que puede gastar en llamadas; si se excede, la cuota extra se pagará del dinero que cada semana le dan para sus gastos. El acuerdo se firma y se aplica. Si cumple sin excederse, tendrá un bono extra equivalente a 5% del pago.

3. (   ) Ante constantes pleitos y enojos de Javier y su hermano Manuel, el papá les dice "Sigan así y el sábado no tendrán permisos". Con frecuencia predomina esta actitud y los malestares por conflictos y amenazas.

4. (   ) Lucy deja la llave del agua del lavabo abierta o mal cerrada (lo mismo aplica para la luz, tender la cama, etc.). La mamá la llama cada vez que sucede y tiene que cerrarla; al hacerlo, la felicitan por ello. Llevan un registro de cumplimiento de "ahorradores de energía", en el cual se marca cada día de ahorro preestablecido, lo que genera una felicitación y permiso para jugar 30 minutos más.

5. (   ) Roberto, de 13 años, molesta y ridiculiza soezmente a su hermana Lisa cuando comete un error. Dado que adopta esta actitud con frecuencia, sus papás hablan con él y le aseguran que ese no es el camino, charlan, negocian y llegan al siguiente acuerdo:

- Roberto ofrecerá una disculpa a Lisa por haberse burlado.
- Si Roberto reincide en burlarse de los errores de su hermana, pierde inmediatamente los derechos de ese día de salir con sus amigos.
- Roberto deberá explicar por escrito en una página qué provoca que quiera burlarse de su hermana, y leerla a sus papás.
- Por cada día que Roberto muestre respeto a su hermana y al final le comunique tres aciertos que Lisa tuvo en el día, Roberto será felicitado por sus papás y se preparará una sorpresa positiva para el fin de semana (claramente definida).
- Lisa se sumó al plan y cada día, al final, comunicará a su hermano tres aciertos que él haya tenido durante el día. También se cocina sorpresa para ella el fin de semana (negociada y específica).

En esta familia, establecieron la regla general y permanente de decirse de vez en cuando exclusivamente los aciertos que uno viera en el otro durante ese día. Además, los chicos compartieron con sus papás, comunicándose tres aciertos mutuos durante el día.

Nota: para esto fue muy útil leer el libro *Elige la comunicación*, de nivel secundaria, (del mismo autor y editorial), comentando entre todos un capítulo a la semana.

¡LERO, LERO!

Resultados y comentarios

1. (I) Comentarios: dado que el comportamiento indeseable de Carlitos capta la atención efectiva de su mamá, esto puede hacer las veces de "premio". Lo adecuado sería que su atención fuera selectiva, es decir, cuando el comportamiento es deseable, la mamá lo atiende y lo felicita. Por otra parte, si comete travesuras, las ignora (claro está, si son del tipo que puede ignorarse sin que suceda mayor cosa).

Esta regla bien aplicada es muy poderosa para corregir problemas menores. Sin embargo, cuando se trata de no prestar atención, esto debe aplicarse al pie de la letra: cero contacto visual, cero expresión facial y ausencia de cambios en la postura corporal; esto se debe a que se ha visto que un mínimo cambio en la expresión facial, por ejemplo, es suficiente para que los niños se sientan "bien atendidos". De igual manera, la atención al comportamiento deseable debe ser consistente.

2. (A) Comentarios: los excesos y comportamientos sin orden pueden corregirse a tiempo y con claridad, previniendo conflictos mayores. El poder de la señal debe contemplar ambos caminos: por aquí sí, por aquí no… En estos procesos de nada sirve insultar, culpar, señalar, chantajear. Lo más útil es un diálogo respetuoso, ponerse cada uno en el lugar del otro, hacer que su hija adolescente se sienta comprendida. Sabemos que a esa edad su necesidad social es fundamental, pero no tenemos que sufrir por ellos pagando y pagando de más para después explotar e irnos a los extremos. Incluso hay muchos casos en donde podemos ser un poco más flexibles de lo que éramos con nuestra hija en su niñez, cuando acostumbrábamos marcarle reglas que por lo regular eran más simples y funcionaban… Esto nos pone a prueba, nos reta a ser creativos y buscar alternativas. Como hemos visto en módulos anteriores, mucho se logra si no se pierde el marco de amistad y diálogo cariñoso.

Recuerdo a un papá que convenció a su hijo de usar tatuajes, pero de esos que pueden borrarse al cabo de algún tiempo, en lugar de los permanentes, y llegaron a sentirse razonablemente contentos.

En la adolescencia muchas veces hay que buscar lo razonable, no lo perfecto; buscar situaciones que impliquen ganar-ganar como solución aceptable para todos, aunque sin renunciar a lo que es verdaderamente importante. La preservación de la salud, la felicidad a largo plazo y el desarrollo pleno del talento no deben ponerse en riesgo.

3. (I) Comentarios: si queremos realmente formar un hábito deseable o corregir comportamientos que no ayudan a la salud, a la felicidad ni al desarrollo pleno, las señales deben ser inmediatas —"por aquí sí"— y la vivencia de nuestros hijos, una pronta experimentación de los efectos de su acción. A veces esto no aplica, por ejemplo, si vamos en el carro, pero en la primera oportunidad que se presente, en seguida aplicaremos la regla.

Lo mismo ocurre con las señales "por aquí no". El pleito lleva a consecuencias de aplicación inmediata. Si se hace de lunes a sábado o de un día para otro, podemos indicar que hasta lo estamos aprobando. Las promesas se olvidan, no se aplican, son ambiguas y se emprende un camino que puede llevar a todos a explotar. Entonces, vienen castigos ejemplares, exagerados, y los propios padres y madres llegan a privarse de lo que les gusta porque tienen que sancionar, ¡afectando también sus privilegios! (Recuerdo a unos papás que tuvieron que quedarse en fin de semana sin su diversión favorita para aplicar sanciones a sus hijos.) Lo único que estas situaciones indican es que las carreteras están mal señalizadas.

También en este caso falta la señal de "por aquí sí", que no marca para ellos la diferencia de lo que sucederá si aprenden a convivir en paz.

4. (A) Comentarios: muchas veces es más cómodo cerrar la llave nosotros o hacer otras cosas por ellos. Sin embargo, si por no luchar un poco dejamos pasar estos casos, pueden transcurrir hasta 20 años sin que aprendan estos hábitos. Hay comportamientos importantes que generan costos y desperdicio, fortaleciendo hábitos negligentes y de poca sensibilidad hacia todos los que viven en casa; por ejemplo, dejar fuera del refrigerador alimentos que pueden echarse a perder o, sencillamente, la jarra de agua que ya no estará deliciosamente fría en época de calor.

Es muy importante preparar una estrategia de orden, trabajo en equipo, corresponsabilidad, a veces empezando por nosotros, los papás, que en ocasiones ni siquiera ponemos la ropa sucia en el cesto. Desde los dos añitos un niño puede aprender estos hábitos de organización y, con juegos y de manera divertida, incorporarlos a su conducta con consistencia. Cuanto más tarde lo hagamos, más difícil será para ellos adquirirlos.

5. (A) Comentarios: pueden darse maravillas en las familias, ya que por lo regular la buena fe es inspiradora y el amor se construye. En vez de dedicarla al error, podemos orientar nuestra "atención selectiva" al acierto, hacer hincapié en las oportunidades y aprendizajes en lugar de repasar los conflictos culpándonos. Prestemos nuestra atención a la siguiente página, a la esperanza, a lo que queda por hacer de ahora en adelante, a disolver las causas de los problemas para que ya no se repitan. En eso consisten nuestra misión y enseñanza. Los hijos de padres que saben resolver conflictos y que modelan cómo hacerlo son los que mejores habilidades y hábitos de adaptación heredan a sus hijos. No hay herencia más importante que ésta, ¡ponle precio!

Ejercicio 13.

Plan de reglas "Por aquí sí" y "Por aquí no"

Realiza tu plan de reglas "Por aquí sí" y "Por aquí" en relación con los comportamientos que quieres desarrollar en tus hijos.

Hijo (nombre): _____

Comportamiento por desarrollar: _____

Reglas de festejo del acierto, "Por aquí sí"

Cuando ocurra el comportamiento adecuado celebraremos así:

_____

¿Es inmediato el festejo? _____ ¿Motiva por día? _____

¿Motiva por semana? _____ ¿Motiva por mes? _____

(Puede ser un premio simbólico, un permiso para una actividad preferida, etc.)

Reglas de corrección, "Por aquí no"

Cuando ocurra el comportamiento que queremos corregir, ¿cómo vamos a señalizarlo?

_____

¿Se hace de inmediato? _____

¿Se renueva en el siguiente periodo de tiempo? _____

¿Es saludable (sin ofensas, etc.)? _____

(Puede ser una multa, pérdida de privilegios, corrección del error, una disculpa, pago del daño causado, área de reflexión)

El caso de Juan

Juan, de 10 años, está a punto de perder el año escolar, tiene bajas calificaciones y no hace las tareas como debiera. Sus papás lo han amenazado y lo han castigado con no permitirle hacer lo que más le gusta, que es jugar futbol americano, su pasión. Ya no saben qué hacer y esto ha empeorado las cosas porque ahora, además de que no hace la tarea, se la pasa haraganeando todas las tardes y ya ni siquiera practica el ejercicio que antes hacía.

Errores de aplicación (fallas en los principios de señalización)

1. No hay incentivo para formar el hábito de hacer las tareas.
2. El castigo es por toda la semana; así, aunque él se esforzara, lo cual podría ser útil para motivarlo, de todos modos permanece castigado.
3. No hay una oportunidad diaria de lucha, de corrección, de cambio positivo.

4. El ambiente está plagado de acusaciones y culpas.

Mediante un cambio a una señalización adecuada del camino, Juan salvó el año escolar y mejoró enormemente para los siguientes años.

¿Qué fue lo que hicieron los papás para lograr este resultado tan positivo?

Señales adecuadas

1. Dejaron su estrategia de achacar culpas, platicaron con él y comentaron la importancia de formar este hábito de entregar las tareas bien hechas y a tiempo. Además de mejorar el promedio, Juan tiene claro el asunto y quiere ayuda.

2. Los papás cambiaron la regla a "Por aquí sí": por cada día que Juan hiciera su tarea con calidad y antes de las 7 p.m., ganaba para el siguiente día la posibilidad de ir a jugar futbol americano (era toda la semana). Cada día de cumplimiento se marcaba en una gráfica, y se le anotaba un "bono". Si completaba de cuatro a cinco días a la semana, tenía permiso para invitar a un amigo el fin de semana (que era una de sus actividades favoritas). Sus papás elaboraron, junto con él, una larga lista de motivadores para festejar el acierto. (La flexibilidad de cuatro a cinco días es conveniente porque, por alguna razón, en la mayoría de los casos los hábitos no se forman como si fueran un cambio de camiseta. Por tanto, hay que mantener viva la motivación aunque el cambio no sea perfecto; de no ser así, caemos en reglas de todo o nada que acaban con la motivación y el festejo. Recuerda que el festejo brinda la oportunidad de saborear y visualizar la experimentación de la "señal del camino" para internalizarla con el paso del tiempo y conseguir que opere en nosotros.)

3. Si lograba cuatro semanas de cuatro a cinco bonos por semana y mejoraba su promedio un 25 a 30%, podría cambiar sus bonos para comprar el casco de futbol que soñaba tener y en su entrega oficial harían una pequeña celebración en casa de sus logros (tareas terminadas y promedio mejorado).

4. Los maestros se involucraron en el plan y acordaron dar retroalimentación diaria a la mamá sobre el rendimiento de Juan en la escuela y la calidad de ejecución y terminación de las tareas. Además, felicitaban al niño cada vez que llegaba con el bono diario ganado por su buen desempeño por día. (En este tipo de casos, siempre que se pueda, el apoyo de la escuela es un factor que suma beneficios, por lo que conviene contemplarlo.)

Reglas de señalización

- Marcación de incentivo-celebración por día (inmediatez una vez que se cumple con el hábito por desarrollar)
- Marcación de incentivo-celebración por semana y por mes
- Festejo social y apoyo entusiasta del grupo social (familia y escuela)
- Retroalimentación visual y felicitación del papá que llega del trabajo y ve el logro

Reglas "Por aquí no" que se establecieron

Si Juan no entrega la tarea bien hecha y a tiempo, pierde, ese día exclusivamente, el privilegio de ver televisión, o usar la computadora, o jugar con lo que le gusta; además, arriesga su bono de fin de semana, retrasa el bono del mes, pierde el bono del día, y no va a jugar futbol americano al día siguiente.

Esta regla es bien entendida y aceptada por Juan, quien acepta el reto de mejorar radicalmente.

Las reglas "Por aquí no":

- Marcan la señal de "Por aquí no" por día y el día siguiente se renueva, pudiendo retomar el camino "Por aquí sí", permanentemente.
- Nada hay que sea dañino y se evitan las ofensas y sarcasmos. Puede pedirse la reflexión de por qué se equivocó el camino para tener acceso al bono del siguiente día y discutirlo con el niño.

Resultados

Hubo un cambio formidable. La primera semana fue perfecta, la segunda también, en la tercera hubo una recaída y se cumplió sólo tres días, la cuarta también fue perfecta y mejoró el promedio para festejar como se había prometido. Esto llamó poderosamente la atención en la escuela, lo que provocó muchas felicitaciones. El segundo mes sólo se sostuvo lo del juego de futbol americano y así, hasta terminar el año. Juan pasó entre los 15 primeros, cuando estuvo casi a punto de reprobar...

¿Te imaginas el valor preventivo de este cambio? Hay casos bien documentados que indican que no romper los círculos viciosos de los hábitos incompetentes que se van formando después causa problemas aun mayores, no sólo de rendimiento sino emocionales y hasta mentales. Eso agrava las circunstancias y genera una oleada de sufrimientos personales y a su alrededor. ¿Por qué tendríamos que llegar a esas historias de fracaso que ya conocemos tan bien y que vemos por aquí y por allá? ¿Cuál es la mejor herencia que podemos dejarle a nuestros hijos?

capítulo 9

Cuarto paso:
visualización

*Ocurre una fiesta indescriptible en nuestro corazón
cuando nuestros hijos adquieren un nuevo comportamiento
que los hace crecer y ser más aptos, en especial
si nosotros hemos contribuido a ello.*

JEKA

Representación visual de las acciones
por desarrollar como hábitos ||||||||||||||||||||||||||||||||||||||

Casi todo está listo ya para tu plan. ¡Registra, graba o filma la fiesta de aprendizaje!

Un ingrediente que no debe faltar en ningún plan de formación de hábitos es un registro de la historia de la fiesta del aprendizaje. Esto es motivacional en sí mismo ya que propicia la participación de los niños o jóvenes y nos da un sentido real del avance sin inventar, tal como es. A partir de estos datos registrados por medio de gráficas, fotografías, videos o representaciones, podemos entusiasmarnos u optar por revisar qué debemos mantener o depurar.

> **La visualización se define como:**
>
> Formación en el pensamiento de la imagen de algo que no se tiene delante o algo abstracto.

Una vez que tenemos la acción o producto por registrar, la línea de base y las reglas que aplicaremos, realizamos un registro visual. A este respecto siempre me ha asombrado la creatividad de los papás, quienes, junto con sus hijos, hacen cosas preciosas que con sólo verlas, despiertan el deseo de aplicarse en el plan.

A continuación ejemplificaré algunas gráficas usadas por padres y madres de familia en los últimos 20 años, aunque cabe decir que con el abrumador avance de la tecnología, ahora existen infinitas maneras de llevar a cabo estos registros. Sin embargo, para ser útiles no es necesario que sean modernos y sofisticados, y quienes no estén familiarizados con los recursos tecnológicos recientes no tendrán por qué preocuparse. El registro de la historia de éxito no sustituye su esencia, aunque puede influir en la motivación para el cambio.

Es muy importante que las faltas de cumplimiento no se registren con señales o marcas; simplemente hay que dejar los espacios en blanco. Si tu hija no alcanza los requisitos acordados para ese día, recuerda que siempre vendrá un siguiente día en donde habrá borrón y cuenta nueva. La esperanza deberá ser una constante y se gana por día. Aplica la regla, no la cambies, a menos que sospeches que está mal diseñada, porque tu hija puede luchar para hacer menos de lo acordado y de todos modos tener acceso a la fiesta de aprendizaje. Si tú no eres congruente, esto será contraproducente para ella porque entonces obtendrá la mitad o el resultado no perdurará. La congruencia es la clave número uno del éxito.

Ejemplo 1: el juego del gato

Cada vez que el hijo tome sus alimentos sin tardarse más de 20 minutos, colocará un gato en los cuadros y si cumple con el requisito las tres comidas al día, ganará el juego del gato. Los papás lo celebrarán con aplausos y permisos para salir en bicicleta al día siguiente.

Ejemplo 2: caminando hacia el trofeo

Cada día que el niño cumpla tendiendo su cama y poniendo los juguetes y ropa en el lugar adecuado, podrá subir un escalón. Si cumple con los cinco días de la semana, los papás lo celebrarán yendo todos juntos al cine el domingo.

Ejemplo 3: el árbol de manzanas

Cada día de cama seca, la niña colocará una manzana y los papás se lo celebrarán con aplausos y permisos para ver a sus amigas.

En caso de lograr cinco manzanas a la semana, se festejará el acierto con una minifiesta de los papás con ella.

(Mojar la cama requiere consulta con su pediatra.)

Ejemplo 4: cohete espacial

Cada vez que el niño se lave los dientes, el cohete avanzará a una base espacial. Después de la tercera podrá llegar a la "luna de los privilegios" y sacará de una caja sorpresa una cosa que le gusta, teniendo opción a cambiar la sorpresa una sola vez.

Ejemplo 5: ramo de flores

Cada vez que la niña termine una plana de caligrafía bien hecha (con el propósito de mejorar su letra), podrá poner una flor en el jarrón. Si logra cuatro en dos días, se festejará con aplausos y pintará con la mamá.

Ejemplo 6: fotografías

Cada vez que ocurra el comportamiento favorable se celebrará con una estrella y aplausos. Acumular cuatro estrellas se festejará con una actividad atractiva y si logra 24, se obtendrá un bono de tres para comprar una raqueta de tenis.

1	2	3	4

5	6	7	8

9	10	11	12

13	14	15	16

17	18	19	20

21	22	23	24

1	2	3	4

5	6	7	8

9	10	11	12

13	14	15	16

17	18	19	20

21	22	23	24

Ejemplo 7: registro sencillo adolescente

Modelo de aplicación: después de una negociación, los papás y su hijo adolescente acordaron que si el chico logra las metas 1 y 2 lo celebrarán otorgándole un libro de su interés, además del permiso para ir a una fiesta el sábado.

Si falla en la 1, ofrecerá disculpas y se retrasará una semana el festejo programado.

Si reincide, no tendrá acceso a computadora ni televisión cada día de falta.

Meta	Lunes	Martes	Miércoles	Jueves	Viernes	Sábado	Domingo
1. Hablarle a su hermana por su nombre en lugar de decirle "mensa"							
2. Llegar antes de las 10 p.m. entre semana							

Diseña el registro para el plan de tus hijos

Instrucciones

Elabora, de preferencia con la participación de tus hijos, un registro para capturar el cumplimiento de la acción por convertir en hábito, día por día. Procura que sea motivacional y que entusiasme para registrar visualmente los logros. Háganlo por día (o periodos de un día), semana y mes (30 días). Al mes se decide si se renueva, dependiendo de los resultados.

Quinto paso:
internalización del hábito

*Una buena señalización desde el principio facilita
que nuestros hijos tomen, de manera independiente
y saludable, caminos positivos, y los sigan en forma
congruente y permanente.*

JEKA

Para la internalización de un hábito necesitamos, en esencia, dos elementos, que veremos a continuación.

Primer elemento: respeto al ritmo de adquisición del hábito

Por lo común, cuando se obtiene el comportamiento saludable, éste llama la atención social, abre puertas, recibe privilegios distintos, y cosecha sentimientos internos de autoestima, motivación al logro, autoaceptación y autoconfianza, acceso a nuevos horizontes, etc. Todo ello hace que sea muy

La regla de oro al respecto es la siguiente:

"Al principio de la formación del hábito, hay que brindar mucho apoyo exterior; después este apoyo se va desvaneciendo hasta que ya no haya un plan externo que lo señalice."

poco probable que el hábito regrese a un nivel inferior.

Por ejemplo, los hábitos de leer, comer verduras, apreciar a otros, nos llevan a obtener aprobación y creatividad, a sentirnos y vernos bien, entre otros beneficios.

Sin embargo, el desvanecimiento del apoyo debe ser sensible a la manera de reaccionar de su hijo. Pensemos en que es un enfoque de "solución de problemas", en el cual, si vemos que la reacción se desvía de las expectativas, siempre hay oportunidad de revisión y corrección, ajuste de reglas y condiciones, todo según los resultados que se obtengan.

Si estás formalizando el hábito de tu hijo de cuatro años de colocar ordenadamente los juguetes en su lugar y, cada vez que lo hace, lo festejas con aplausos, juegas y le lees un cuento, el pequeño, gustoso, los pondrá en el sitio asignado, cuando es necesario. Pero al tercer día ya no reaccionas a ese comportamiento y al cabo de tres días tu hijo también deja de ponerlos en donde debería... ¿qué significa esto? Que no interiorizó este hábito específico y necesita que se reanude el apoyo externo; su acción nos indica que fue prematuro retirarlo.

Cada comportamiento o competencia y habilidad de tus hijos tiene su secuencia y sus pasos, a veces hay que partirlos en metas y submetas. Sin tiempos ni fechas fatídicas o rígidas, hay que estar dispuesto a revisar las reglas en cualquier momento y hacer los cambios oportunos, aunque todo ello de poco valdrá si se pierde de vista la meta final: un comportamiento nuevo y saludable que fluya en el repertorio de conquistas de tus hijos de manera casi natural.

Nuestra experiencia indica que no hay hábito que no se forme de manera sólida cuando mucho en dos meses. ¿Contra toda la vida?... No obstante, recordemos que lo que importa no es el tiempo, sino lo que sucede y debe seguir sucediendo en éste. No hay reglas absolutas al respecto.

Segundo elemento: cultura familiar para formar hábitos y disciplinas

El segundo elemento que garantiza la internalización consiste en crear una "cultura familiar" en pro de los hábitos positivos y la calidad humana; establecer reglas de la casa que sirvan como guías permanentes para todos y hagan que se respire un clima favorecedor del crecimiento y la mejora continua, así como subir diariamente escalones en el ejercicio del amor, el equilibrio y el entendimiento, que nos lleven a ser cada vez más sanos, felices y talentosos.

Para este tema en particular se publicó el libro *Sácate un 10 educando a tus hijos*, de Editorial Pax México y del mismo autor del Sistema Kubli, en el cual se sugieren 10 reglas de oro para formar una cultura de calidad humana en la familia. Te invitamos a que añadas todas las que quieras considerar bajo la premisa de desarrollar una "regla" que se aplique con congruencia.

Recomiendo fomentar en el ambiente familiar las siguientes actitudes o disposiciones.

1. Hacer primero el esfuerzo y dejar el placer para después

"Primero el esfuerzo y luego el placer", es decir, cumplir primero y festejar después, es un arreglo que servirá para toda la vida. Sin que sea una obsesión, debemos vigilar en nuestro hogar que no se fomente el modelo de dejar las responsabilidades para después o hasta el final.

2. Buscar todos los elementos que motiven al logro y ejercitarlos

Estos elementos pueden ser desde cosas pequeñísimas hasta aquellas más elaboradas. Por ejemplo, si resulta difícil empezar a hacer algo, como ejercicio físico o la tarea, firmar un contrato con uno mismo para realizarlo durante sólo 5 o 10 minutos y renovarlo si se sigue ejecutando o no en ese tiempo. Esto ayudará a que iniciemos, porque muchas veces mentalmente vemos el tamaño de "todo el

Es muy saludable implantar una cultura familiar que busque y brinde muchas sugerencias para motivarse y cambiar, respetando el gusto individual, desde luego, pero compartiendo la información y el descubrimiento de "trucos". Esto es posible con cualquier hábito, es cuestión de investigación y experimentación. No siempre es fácil, pero sí podemos aligerar las cargas.

Todo ello ayuda a que también haya entusiasmo y optimismo para esa actitud de búsqueda de posibilidades con cualquier asunto en el que pueda avanzarse y abrir oportunidades. Esto es parte de la cultura de "internalización" de hábitos saludables.

pastel" y eso nos bloquea o desmotiva porque lo asociamos al esfuerzo y sudor, fatiga o incomodidad que provocará.

Recientemente alguien descubrió que al efectuar el ejercicio de la "lagartija", se sentía más motivado si contaba de atrás para adelante. Era un incentivo porque sentía que acababa más pronto y la práctica le resultaba más ligera. Entonces, empezaba desde 50 y llegaba hasta cero. ¡Incluso hacía dos más, 1, 2!

3. Hacer las cosas hoy y terminar con el esquema de "mejor mañana"

Es fundamental desmotivar el esquema de "evita responsabilidades" en la cultura familiar. Hay libros completos que aportan un sinnúmero de trucos para evitar la conducta de procrastinación[1] o aplazamiento, postergación o posposición.

---

1 Según la Real Academia Española, procrastinar consiste en "diferir o aplazar" algo. Según Word Press y Wikipedia, procrastinación es "la acción o hábito de postergar actividades o situaciones que deben atenderse, sustituyéndolas por otras más irrelevantes o agradables".

Esta acción se debe a que la imaginación-emoción nos transmite un nivel de incomodidad en la realización de algo, por lo que preferimos dejarlo para después. Esto puede trabajarse, procurando suavizar los pensamientos o imágenes que con falsedad exageran el sentimiento en nosotros. Igualmente, fortalecer las creencias que señalan las ventajas y los premios de llevar a cabo esa acción que dejamos para después, así como el gran privilegio de evitar el caos de que lo necesario más adelante se vuelva urgente o incluso inmanejable.

Esto nos lleva a un cuarto elemento de la "cultura familiar" para formar hábitos y disciplinas.

omite como parte de la cultura familiar y social. En general, nos imponemos la barrera del corto plazo como la más importante y casi la única por considerar, sin hacer estos ejercicios tan necesarios.

Simplemente, piensa en la cultura del ahorro y la previsión del futuro: es asombrosa la cantidad de personas que al final de su vida se encuentran sin dinero. Si a esto le agregamos la salud y las actitudes destructivas que asumimos una y otra vez a este respecto y que a la larga nos llevan al desastre o la depresión y soledad (el abuso del alcohol, el tabaquismo, la falta de ejercicio, por no hablar del ambiente, etc.), el panorama dista mucho de ser optimista.

4. Ejercitar constantemente la visualización, imaginación, pensamiento y elaboración de ideas o creencias sobre las ventajas o consecuencias de hacer o no las cosas en el corto, mediano y largo plazos

Estas visualizaciones son muy beneficiosas. Pueden preparar listas divertidas, con ideas de ventajas y desventajas aportadas por todos, para un día hasta 20 años o más. Este hábito se

Una familia preparó dos listas: una para las ventajas y desventajas de comer verduras diariamente en dosis adecuadas y la otra, de comer productos chatarra también cada día. Anotaron consecuencias de cada hábito por día, mes y año hasta 30 años.

Encontraron muchas cosas que no imaginamos a simple vista, como que la chatarra es tremendamente más cara que las verduras, ¡máxime si llega a bloquear nuestras arterias! Por cada peso en verduras se gastan 1,000 en la otra. Además, las primeras provocan mucha más felicidad, salud y rendimiento del potencial, nuestras tres variables más importantes. (Una fiesta infantil con pepino, jícama, frutas y agua de limón es mucho más barata y feliz que una con todos los productos grasosos, salados y azucarados que solemos dar a los asistentes.)

Ahora bien, estos análisis de ventajas y desventajas pueden generar importantes costumbres preventivas: en el caso de la sexualidad en adolescentes, la protección contra la no protección, el consumo de alcohol o drogas, el abandono de los estudios. De acuerdo con investigaciones realizadas, los hijos más responsables son los que hablan con sus papás frontalmente de estas cosas y pueden analizar los pros y los contras. Los que no lo hacen están en alto riesgo.

Imagina lo que se siente al lograr algo que solías posponer. Vive la satisfacción contigo misma, con los demás, que te causará alcanzar tu meta. Nota las puertas que se abren ante ese nuevo rendimiento, cómo el futuro se esclarece… como tu espíritu se rejuvenece y revitaliza, lo que ahora podrás hacer y cómo descansarás de preocupaciones… Ahora imagina que realizas la tarea que pospones y observa que no es tan desagradable ni aterradora, que tiene sus ventajas y maniobras de supervivencia, que la vida se hace más fácil o menos difícil.

Este simple ejercicio generará una explosión de energía para actuar y tendría que formar parte de la práctica familiar cotidiana, lo mismo que las ideas y listas de creencias y consecuencias en el corto, mediano y largo plazos de alguna actividad que te interese desmenuzar para entenderla mejor y centrar la energía en su realización o atacarla con un enfoque preventivo.

Ejercicio 15.

Visión de corto, mediano y largo plazos de un nuevo hábito

Instrucciones

Elabora una visión de corto, mediano (un año) y largo (30 años) plazos de una acción que pienses desarrollar y convertir en un nuevo hábito de tu hijo o cualquier miembro de la familia. Descubre sus ventajas (V) y desventajas (D), al contrastarla con lo opuesto. Siente las ventajas de planear a largo plazo, recordando que las facturas llegan y siempre se pagan, para bien y para mal. Este ejercicio debe ser parte de la cultura familiar formadora de hábitos.

Acción
_____

Corto plazo

V _____

D _____

Mediano plazo

V _____

D _____

Largo plazo

V _____

D _____

5. Utilizar señales (símbolos, palabras, etc.) facilitadoras, instigadoras para que la acción deseable se manifieste

Desarrollen frases cortas que tengan sentido para ustedes y que les faciliten la acción que desean convertir en hábito, cualquiera que sea. No tenemos que ganar el Premio Nobel de Literatura con las frases, basta que llenen esta función, y es muy útil que nosotros mismos podamos generarlas.

Dentro de la psicología formadora de hábitos y cambio de comportamiento existe un concepto muy valioso y muy practicado para facilitar o instigar comportamientos.

Entonces, en familia podemos establecer algunas señales cortas "provocadoras" de los hábitos nuevos que se fomentan, con flechas y otros símbolos, todos positivos y propositivos. Por ejemplo, en el baño de una familia se puso una señal simpática que recordaba el hábito de "tapa seca" (apoyando con una fotografía de una tapa en el desierto, ¡seca y asoleada!). En otro caso, dejar señales para depositar el papel en el cesto y no en la taza, lo cual también implica un cambio de actitudes. La simple frase "con respeto" puede ayudar mucho. No hay límite a la imaginación, ni deben escatimarse esfuerzos para ayudar a los cambios que realmente son importantes y valiosos.

¡La fiesta del aprendizaje es la mejor de todas!

6. Siempre que se pueda, "poner un extra" para facilitar el futuro

La mentalidad de un "poquito más" de esfuerzo o dedicación a la actividad suele ser muy educativa y facilitar la aplicación de un hábito en el futuro; de esta manera cuesta menos realizarlo la próxima vez.

Por consiguiente, cinco minutos más de ejercicio, una página más de lectura o hacer algo extra para alguien, entre otras cosas, rompiendo expectativas y dando más de lo programado, es una buena forma de crear este concepto que fomenta la vida activa y productiva.

Instigación se define de la siguiente manera:

Sugerir o señalar temas… puede incluir recordar acerca de un material discutido previamente o terminar una frase o pensamiento para aumentar el entendimiento de un asunto.

American Psychological Association

7. No referirse a la mentalidad para el trabajo y la formación del hábito en forma negativa

No hacer referencias a lo "difícil", "horrible" o "insoportable" que es realizar una actividad es importante para ayudarnos a no evitarla. Por el contrario, seremos más precisos si, aceptando que la situación es "incómoda" pero no catastrófica, afirmamos que puede ser llevadera y no será un martirio realizarla.

Aún más, podemos pensar en ella de modo que incluso lleguemos a la conclusión de que su realización tiene una o muchas partes divertidas. O bien, ejecutarla haciéndola entretenida, usando recursos como la imaginación y todo lo que tengamos o podamos hacer disponible.

Quejarnos de la realización de la actividad es poner un escalón más para subirlo y puede resultar más pesado rebasar éste, por muy imaginario que sea, que uno de verdad. Muchas veces la imaginación pesa más que la realidad y se vuelve la barrera principal por superar. Por eso hay que usarla a favor y en beneficio de la formación del hábito, y no lo contrario. No hay que escatimar en optimismo cuando se trata de persistencia y alcanzar las metas (ver el módulo 1 de Familias).

Frases para evitar hábitos positivos

- "¡Qué horrible!"
- "No soporto"
- "Es lo peor"
- "Es mi catástrofe"
- "Ya no puedo más"
- "Nunca voy a mejorar"
- "Siempre me falta"
- "Nada vale la pena"

Frases para fomentar la creación de hábitos positivos

- "Es incómodo pero llevadero"
- "Hacerlo no es el fin del mundo"
- "En un rato más las ventajas superarán los esfuerzos"
- "Puede ser molesto, pero no insoportable"
- "Puedo imaginar algo divertido mientras lo realizo"
- "Es mas fácil después"
- "¡Vamos, sé que me conviene!"
- "Es un rato nada más, y es educativo…"

A manera de ejemplo, puedo imaginar que al empezar a hacer ejercicio, mi cuerpo se va beneficiando, la circulación se optimiza, mis músculos comienzan a tonificarse, la maquinaria se "aceita", siento la etapa de inicio... (y así imagino poco a poco todo lo bueno que va pasando).

8. La competencia es con nosotros mismos

Es muy común que los miembros de una familia se comparen unos con otros y entren en una cierta competencia. Esto puede llegar a ser perjudicial. Lo importante es inculcar la competencia con uno mismo para el desarrollo del propio y único talento, para el disfrute y las ventajas de la propia salud; es medirnos cada uno contra nosotros mismos, sin que lo que otro realice nos empeore o mejore personalmente.

Además, es oportuno hacer hincapié en el sentido del valor que analizamos en el módulo de *Familias con autoestima*: el que tenga más o mejo-res competencias o hábitos comparado con otra persona, no me convierte en un ser con más derechos sobre los demás ni con más valor; o, si la situación es la inversa, no me hace menos valioso. Lo que tiene importancia es lo que yo hago conmigo mismo para superarme, dado que el beneficiado soy yo.

Hay que evitar comparar a los hijos o poner a una como referencia a seguir por el otro; esto sólo es válido si se trata de enseñanzas de aprendizaje que se comparten y se descubren a manera de sugerencia o proposiciones. Es fundamental que cada uno de nuestros hijos tenga su espacio y motivación personal para sacar lo mejor de sí mismo, y el que otros hagan algo mejor que él no sea pretexto para el desamparo.

9. Buscar el equilibrio y más equilibrio. Medios y fines

La formación de una cultura familiar de hábitos debe vigilar siempre que la beneficiada sea la persona, en su salud, felicidad y mejor desarrollo de su talento. Cuando este beneficio se rompe, es señal de que el equilibrio se ha distorsionado; por ejemplo, hacer demasiado ejercicio de modo que quede agotado y casi inútil para otras actividades importantes es un indicador de la necesidad de ajustar la costumbre.

La ruptura del equilibrio puede ocurrir casi con cualquier cosa: la limpieza, el orden, la dieta, el aspecto social, la computadora... Resulta esencial definir constantemente en casa que todas las actividades que disponemos son medios para un fin, que somos nosotros y no al contrario. Por ejemplo, cuando el orden adquiere mayor prioridad que el descanso y la felicidad, ya "somos o existimos para el orden" y perdemos la noción de nuestra importancia; más bien, el orden es o existe para servirnos a nosotros.

Puedes cambiar la palabra orden por cualquier otra: ejercicio, ahorro, belleza, informática, estudio, comida, la que sea. Cuando alguno de estos temas trastoca nuestra base de salud, felicidad o rendimiento integral, definitivamente nos equivocamos y pagaremos facturas que pueden llegar a ser muy altas. La pasión por algo nos hace dar resultados y es motivo de grandes desarrollos, pero, en mi opinión, no debe llevarnos a pagar caras consecuencias.

Recuerdo a una persona que siempre quiso ser pianista y un buen día, al caerle un rayo encima, algo sucedió con su cerebro que su habilidad para tocar el piano se acrecen-

tó enormemente. Entonces, le dedicó todo el tiempo posible a esta nueva competencia, al grado de que perdió a su esposa y su familia porque ya no convivía con ellos; al final, lamentaba esa nueva soledad provocada por el desequilibrio que vivió y no supo corregir a tiempo. Lo irónico fue que ese dramático cambio que sufrió de manera tan especial, casi "milagrosa", esta gran ventaja que le ofreció la vida en un momento dado, sin equilibrio, acabó por convertirse en desventaja.

10. Festejar el acierto es algo significativo y profundo

La actitud y actividad generalizadas de festejo del acierto son muy importantes en el seno familiar. La internalización de un hábito implica la experiencia vivencial de un estado muy gratificante. Esa experiencia interior dice muchas cosas en el momento en que ocurre: no sólo habla de nuestra capacidad, sino del aprecio por lo que hacemos bien, la feli-

cidad que somos capaces de crear, el espíritu que por su esfuerzo logra el éxito. Esto desarrolla una memoria que, por su solidez, no nos abandonará en los momentos difíciles de duda e incertidumbre, cuando podremos alinearnos a nuestro pasado fructífero para darnos fuerza y esperanza.

Además, festejar el acierto cultiva el agradecimiento a la vida, a los demás, a las circunstancias que facilitan nuestros aciertos, y esto brinda un aprendizaje especial que ubica los elementos que llevan a los buenos resultados como para intentarlos de nuevo de la misma manera o con variantes en el futuro.

Reconocer cualquier aspecto positivo de nuestros hijos, sus desplantes especiales de individualidad inteligente, sus luchas y esfuerzos, méritos y buenas intenciones, así como sensibilidad a los demás, deberá ser una norma permanente e, idealmente,

modelada en la pareja y en el clima familiar general.

La negatividad destructiva y no analítica que sólo juzga el demérito de los demás por ser "hombre" o "mujer", la calificación sin bases, todo atentado al entendimiento, los "risómetros" de tantos programas que insisten en descalificar a otros para provocar simpatía... Todo ello siembra grandes pérdidas de oportunidades de que los seres humanos encontremos las abundantes maravillas que realmente tenemos y que, en el corto y el largo plazos, generan las grandes satisfacciones espirituales que no tienen precio ni sustituto en agradabilidad[2] y plenitud potencialmente alcanzable si nos vemos con profundidad, dignidad, admiración y asombro ante el amor que cada uno es capaz de dar.

No se trata de tomarnos demasiado en serio, sino de descubrir lo seriamente bellos que somos.

2   La Real Academia Española define agrabilidad como "cualidad de agradable".

Ejercicio 16.

Plan de internalización

Instrucciones

A partir de las acciones que quieras formar como hábitos de tus hijos, establece un plan de internalización, dirigido a crear una cultura familiar formadora de hábitos. Entendemos que el plan debe ser flexible, ya que depende de la propia manifestación del comportamiento de tu hijo para tener el tiempo exacto de hacerlo. Sin embargo, resulta útil tener elaboradas algunas ideas al respecto.

Plan de internalización

Acción:

_____

_____

Pasos para interiorizarla:

_____

_____

_____

Acción:

_____

_____

Pasos para interiorizarla:

_____

_____

_____

Acción:

_____

_____

Pasos para interiorizarla:

_____

_____

_____

Capítulo 11

Padres positivos e hijos adolescentes

Los hijos adolescentes amplían en gran medida sus áreas de interés, lo cual requiere que los papás ampliemos nuestros criterios y consideremos el mundo nuevo que empiezan a vivir, sin renunciar a los principios de educación en el amor y la calidad humana.

JEKA

La adolescencia y los cambios que implica son motivo de muchas inquietudes, crisis e incertidumbre, pero no conviene hacer juicios anticipados sobre ella, o estar a la defensiva y en guardia como padres.

Diversos estudios realizados indican que la naturaleza bien intencionada, tierna y humana del adolescente no cambia de repente y para siempre; sigue siendo un ser confiable y, por lo general, el entendimiento cabal persiste y prosigue, a menos que su interacción con sus padres se maneje con torpeza mutua o se atropellen los procesos de comunicación, generando con ello distanciamiento o hasta crisis y rompimientos serios.

> La adolescencia se define como:
>
> Periodo del desarrollo humano comprendido entre la niñez y la edad adulta, cuando ocurren los cambios físicos y psíquicos más importantes en la vida de una persona.

¿Cómo conducirnos en la etapa de adolescencia de nuestros hijos y cómo disciplinar?

Comprensión

La adolescencia en nuestros hijos suele implicar cambios en la relación con ellos, dado que empiezan a desarrollar su propia identidad y, de pronto, rompen con nosotros en una serie de aspectos en los que necesitan formarse como individuos. En ese momento, sus referencias importantes empiezan a ser sus grupos sociales, líderes de su edad, lo que está a la moda. Se dejan guiar por sus amigos, sus iguales, que ya normalmente no son sus papás. Para ellos esto es necesario; me preocupa más un joven que obedece todo que uno que cuestiona y marca criterios con una sana rebeldía.

El proceso de adaptación no es fácil ni para los adolescentes ni para sus papás. Esta etapa es necesariamente conflictiva, pero no necesariamente destructiva. El reto para los adultos es abrir sus expectativas y entrar en el área del entendimiento más que del juicio. Esto quiere decir buscar más razones, indagar el porqué de las cosas y establecer un diálogo más adulto y de enfoque de "investigación" con los hijos. Si los papás estaban acostumbrados a ser un tanto autoritarios e imponer, ahora sencillamente tienen que cambiar el método de acercamiento so pena de fracasar si no lo hacen.

Un ejemplo sencillo de adaptación

La o el adolescente llega a su casa con un par de amigos y ponen la música muy fuerte. La casa de los vecinos está muy junto y ya son las 12 de la noche.

Alternativa 1: explotar y silenciarlo de tajo, añadiendo algún improperio respecto a su poca consideración.

Alternativa 2: pedirle que baje a un nivel aceptable el volumen de la música y el tono de sus conversaciones. Explicarle por qué es importante y hacerle ver que, por ser entre semana, la gente trabaja al otro día y hay que dejarles descansar. Incluso, expresar el gusto por estar juntos compartiendo su alegría (empatía) y su afición a la música... pero ser firme con el cumplimiento de la petición.

(No nos gustan mucho esos amigos ni la música que escuchan, ni las horas de ponerla, pero están de vacaciones... esa ya no podría ser nuestra esfera para intervenir, aunque sí para abrir diálogos productivos en un futuro, dependiendo de las situaciones y sus giros.)

Los jóvenes piden entendimiento y confianza: "dame confianza", afirman con frecuencia. Aquí conviene que los papás hablen de sus temores y la razón de sus preocupaciones, y lleguen a acuerdos específicos de hasta dónde irán los límites que deben cumplirse. Los adolescentes tienen buena voluntad y sí quieren límites claros, a veces así lo piden.

Si hay incumplimiento, hay que iniciar el diálogo de inmediato y, una vez expuestas las razones poner la exigencia de cumplimiento.

Un ejemplo sencillo de un diálogo

—Mira, mi hijo, si insistimos en pedirte números de teléfono y saber con quién vas y vienes, no es por querer molestarte o vigilarte en exceso, pero sí es muy importante por la inseguridad que se vive. Toma en cuenta que si pasa algo, la capacidad de respuesta se entorpece cuando no tenemos los números para llamar ni sabemos dónde estás.

—Quisiera que confiaran en mí, papá.

—Confiar en ti no es dejar de prevenir lo más indispensable, sería como ir de viaje, confiando en tu carro pero sin llevar refacciones o llanta de repuesto... Ese es mi temor, hijo, y quiero compartirlo contigo.

—Bueno, ahí te van los números de mis amigos...

Respeto

Los adolescentes en general quieren, y con mucha razón, ser respetados en sus elecciones, no ser criticados soezmente, aceptando, si acaso, que se les pregunte de manera casual "¿Por qué te interesa tanto esto o aquello?", a manera de investigación sana. Por cierto, el método de preguntar es un arma magnífica, en lugar de juzgar o afirmar lo que no nos consta, dando muchas oportunidades a que den sus explicaciones y razonamientos. Preguntar amigablemente se vuelve un método de alta comunicación obligada de esa etapa en adelante.

Un ejemplo del método de preguntar

Quedamos en que tú te encargarías de esto... veo que no sucedió y aparentemente estabas muy convencida. ¿Qué te hizo incumplir?... ¿Cómo le vamos a hacer para que...? ¿Qué ocurre en tu mente o en tus sentimientos para que me digas que sí y luego no lo hagas? ¿Por qué crees que insisto en esto?...

Los hijos necesitan su privacidad, su espacio para ir tomando sus propias decisiones en los momentos que sean oportunos para ellos sin sufrir intromisiones. Sin embargo, esto se escribe siempre "entre comillas" porque si vemos que hay peligros reales, tenemos que emprender acciones precisas y no hay catálogo en blanco o negro. Respetar la adolescencia no es omitir hacer uso de nuestra experiencia cuando algo nos indica la necesidad de ello.

Tolerancia

A menudo los adolescentes tienen respuestas extremas, desde los festejos y los juegos hasta el tono de voz y los desplantes, entre otras. Estas actitudes requieren prudencia y tolerancia de nuestra parte, siempre y cuando estén en el rango de lo que se puede admitir. Dejar la hipercrítica y comprender que muchas respuestas son propias de la edad ayuda a avanzar por el camino correcto, así como a evitar disputas y alejamientos.

Es importante no volvernos fríos y distantes con ellos, que puede ser una manera de manifestar reprobación. Por el contrario, procuremos: seguir entusiasmándonos con sus sueños; brindarles atención y expresarles todo lo que tienen para ofrecer; alegrarnos por aquello en lo que destacan y porque nos acompañan en la vida; ponerles etiquetas sólo de lo bueno que hacen ("sabes responder...", "me gusta cómo reflexionas", "eres dedicado"), pues ellos mismos dicen que aún nece-

sitan de sus padres un abrazo, un beso, alegría por sus triunfos y expresión del orgullo de tenerlos.

En resumen, los y las jóvenes requieren una relación más igualitaria con nosotros, en la que el nuevo marco de referencia esté dominado por el diálogo, la comunicación afirmativa, la persuasión, la empatía, el apoyo y la amistad genuina. Todo ello implica desarrollar visiones más creativas y muchas veces diferentes de las acostumbradas.

Reglas claras

En esta etapa no vamos a renunciar al desarrollo constante de los hábitos básicos, al cumplimiento en el estudio, el trabajo y las responsabilidades. Es fundamental acordar el establecimiento de reglas para que esto ocurra. Las reglas "por aquí sí" y "por aquí no" siguen siendo válidas y útiles para estimular sus competencias o habilidades de mejora. Sus resultados pueden verse muy beneficiados y apoyados si sabemos motivarlos y en consenso con ellos hacemos compromisos serios de felicitarnos en el tiempo por su cumplimiento.

Por consiguiente, los principios son los mismos. La búsqueda del equilibrio, el amor y el entendimiento no pasan de época, no pierden vigencia, como tampoco la realización de lo que nos aporta salud y felicidad, y desarrolla nuestro talento. En el capítulo siguiente analizaremos ejemplos de aplicación con adolescentes.

Capítulo 12

Estudio de casos

La oportunidad de crecer junto a nuestros hijos es una tarea invaluable y maravillosa. Sin duda, representa un esfuerzo, pero día con día cosecharemos frutos de amor que quedan para siempre.

JEKA

En este capítulo presentamos algunos casos exitosos, elegidos entre cientos que hemos acumulado en los últimos 30 años. El éxito de los procesos está garantizado si se respetan los principios. No obstante, en algunos casos (un porcentaje muy menor) puede requerirse chequeo médico o terapias complementarias para la formación o corrección de comportamientos; de ser así, no dudes en consultar a un profesional y obtener un diagnóstico certero del problema.

Las posibilidades de aplicación de lo que aquí presentamos son ilimitadas. O bien, quizá no sea necesario aplicar nada, quizá todo "esté bien", lo cual es factible y digno de celebrarse. Sin embargo, aun si esto es así, podemos encontrar áreas de

La terapia se define como:

Tratamiento que busca trasmitir nuevas formas de pensar y afrontar situaciones cotidianas, los problemas y lo que causa malestar, además de sentimientos y sensaciones como estrés, timidez, miedo, entre otros.

oportunidad de desarrollo que ayuden a fortalecer o prevenir algunos aspectos para tener una vida más saludable, feliz y llena de talentos realizados.

Resulta esencial mantener una actitud de solución objetiva de problemas, sin irse a los extremos ni abandonar la lucha o dejar de persistir (no es opción hacerlo).

Puede ser que el factor motivador que elegimos no sea el adecuado, o que haya que revisar alguna regla. Tal vez haya que dividir la meta en submetas para hacerla más alcanzable, o apoyar más la fiesta de "por aquí sí", o tener congruencia, o detallar más aún lo que se pide porque no está claro. Quizá debamos revisar si ha llegado el momento de la internalización o si hay que prolongar el sistema de apoyo. Todo esto es parte de un proceso

de afinamiento que muchas veces se requiere sobre la marcha.

Antes de pasar al capítulo final sobre la elaboración de tu proyecto, te recomiendo que leas estos casos para así redondear y ampliar tu idea con precisión. No son modelos rigurosos que tu hijo o hija deba seguir, ya que cada caso es muy individual, pero las experiencias también contribuyen a la claridad de ideas.

Conviene aclarar que en ninguno de estos casos el psicólogo tuvo acceso directo al plan; todo lo hicieron los papás en su casa después de haber aprendido el método. Se trata de padres verdaderamente positivos y efectivos que se sintieron ¡muy satisfechos de sus logros!

Recuerda, los casos son una muestra de más de 100 resueltos eficazmente.

Estudio de caso #1

"Pantalones secos"

Antecedentes

La mamá de Pedro, que trabaja como asistente de un hogar, está separada y se encuentra a cargo de su hijo, de cinco años. Se siente desesperada porque ya la han llamado varias veces del colegio porque su hijo defeca y mancha sus pantalones. Después de una revisión clínica, descartaron cualquier problema de tipo médico. El ambiente era cada vez más tenso. La mamá se sentía mal consigo misma por no "saber educarlo" y su hijo quería dejar de ir a la escuela; además, los regaños y acusaciones al niño eran cada vez mayores.

La mamá aprendió el método y elaboró el siguiente plan.

Definición del ideal

Pantalones secos todos los días, e ir apropiadamente al baño cuando sea necesario.

Definición de la realidad: línea de base

Pedro mancha los pantalones cuatro días de la semana.

Señalización

Por aquí sí

La fiesta del éxito se realizaba así: por cada día de pantalones secos, Pedro tenía acceso a las ocho de la noche a la caja sorpresa, en la que había una ensalada de pequeños artículos, estampillas y vales para intercambiar. El niño contaba con una sola oportunidad de cambiar lo que había sacado de la caja sorpresa si no le gustaba. La mamá ya no le decía improperio alguno si manchaba sus pantalones; simplemente aplicaba las reglas y le daba siempre esperanza de que podría superarlo poco a poco. Además, colocó una gráfica en la pared para marcar de inmediato una carita feliz cada vez que lo lograba. Si la primera semana lograba cuatro caritas felices, el fin de semana iban al cine.

Si acumulaba cuatro semanas con pantalones secos los cinco días, tendría un balón de futbol que añoraba y un reconocimiento sorpresa prometido por su mamá (un diploma con su fotografía como campeón de hábitos).

Por aquí no

Si Pedro manchaba los pantalones, él mismo los lavaba y reflexionaba con su mamá sobre la estrategia de éxito para la siguiente ocasión. Al otro día tenía acceso a la caja sorpresa y la carita feliz, además de los motivadores para el fin de semana y el mes. No habría reproches, simplemente reflexiones sobre qué hacer para mejorar.

Representación visual

Se hizo una gráfica representando visualmente que el niño iba alcanzando la meta como futbolista, y una carita feliz metiendo gol por cada día que lograba pantalones secos. Si no lo conseguía, simplemente se dejaba en blanco ese día (es importante no poner taches ni dibujos de fracaso, sólo registrar avances). Él participaba y ponía sus caritas.

Internalización

Cuando el niño obtuvo el balón y la entrega del diploma, la mamá suspendió el apoyo diario y el evento negativo no volvió a presentarse.

Resultados

La primera semana sólo se lograron dos eventos de pantalón seco.

La segunda semana, cuatro, y se ganó la ida al cine.

De la tercera a la sexta semanas, logró hacerlo todos los días, y obtuvo su balón y diploma.

Después de tres años de seguimiento, el comportamiento nunca recurrió.

 Estudio de caso #2

"Campeona de lectura del colegio"

Antecedentes

Mary, de nueve años, llamaba la atención en su clase por su rezago en lectura. Si bien la escuela emprendió un plan para que se leyera más, la queja llegó hasta el papá de la niña, dado que ésta no seguía los pasos del programa. En las otras materias iba razonablemente bien y no tenía problemas.

El papá, ingeniero de una empresa regiomontana, ideó junto con Mary un esquema de motivación para ayudarla a desarrollar este hábito, el cual constaba de ideas de ambos. (Recuerda que, aunque el enfoque es participativo, los papás normalmente llevan la iniciativa y son líderes de las reglas.)

Definición del ideal

Nivelar el promedio de lectura de Mary con el de la clase, de un libro por mes, en el programa de club de lectura del colegio.

Definición de la realidad: línea de base

Mary lee en promedio 3-4 páginas por semana.

Señalización

Por aquí sí

Se acordó que por cada párrafo de lectura Mary ganaría 3 puntos. Al final de cada capítulo se lo narraría a su mamá para verificar el nivel de comprensión. Los puntos se anotaban en una ingeniosa gráfica en la que se "podaba" una parte de una manzana dibujada. Cada vez que llegaba a 30 puntos, la manzana se recortaba.

Si lograba completar al mes el libro del club del colegio, los puntos se convertían en un porcentaje de efectivo (20%) extra de su mesada, que podría gastar en lo que quisiera.

Por aquí no

La única señalización era que no se ganaban los puntos ni se cortaban las manzanas y se perdían los privilegios anunciados. Tampoco se le recordaba o presionaba continuamente a la lectura.

Representación visual

Se realizó una gráfica de puntos en la que, por cada 30 acumulados, se cortaba una manzana para colocarla en un cesto dibujado.

Internalización

Mary siguió el plan únicamente dos meses y superó las expectativas de todos. La atención de su maestra y de la escuela sustituyeron en forma natural el plan montado y, según me comentó su padre, tres años después no sólo conservó su hábito, sino que ahora los regalos anhelados que pedía eran ¡libros!

Resultados

Primer mes: leyó el libro en 15 días y leyó uno más.

Segundo mes: leyó el libro del mes y dos más, ganando el primer lugar de la clase.

Tercer mes: leyó el libro y tres más, ¡ganando el premio de lectura del colegio!

Pasados 36 meses: su máxima gratificación es que le dejen leer un libro.

"Discusiones entre hermanos adolescentes: viendo lo positivo"

Antecedentes

Este caso es interesante puesto que, como vimos antes, Jaime y Gabriela ya habían aplicado con sus hijos pequeños un plan para que no pelearan físicamente, el cual logró muy buenos resultados. Aunque entrada la adolescencia esos pleitos cedieron radicalmente, Jaime empezó a notar muchas discusiones porque unos usaban ropa y otros artículos de los otros. Nunca más llegaron a los golpes, pero sí a las acusaciones, enojo y críticas destructivas. El papá habló con ellos y establecieron un plan.

Definición del ideal

Días cordiales, durante toda la semana. Promediar 90% de sentimiento cordial, tomando en cuenta a todos los miembros de la familia.

Definición de la realidad

Un día cordial contra seis días tensos y conflictivos.

Señalización

Por aquí sí

Al final de cada día, Jaime y Gabriela se reunían con ellos y cada uno mencionaba un aspecto positivo que había visto en cada uno de sus hermanos (entre ellos, un medio hermano), y se lo decía enfrente de la familia. Se aclaró que estos señalamientos se harían sin sarcasmo y sin añadir componentes negativos.

También se acordó que si cumplían una semana, en un sorteo uno de ellos escogería una actividad para compartir en familia, y así cada uno en las siguientes semanas.

Por aquí no

No hubo señalización en este sentido.

Representación visual

Se llevó un registro diario llamado "Cordialómetro", en el que cada uno apuntaba cómo había mejorado el clima familiar, entre 100 (100% cordial y feliz) y 0 (nada cordial ni feliz).

Internalización

El plan duró tres semanas y después de este periodo volvieron a sus asuntos normales.

Resultados

Primera semana: tras decirse lo positivo cada día, el Cordialómetro subió a un promedio de 89%.

Segunda semana: el Cordialómetro subió a 98%, promediando lo que cada uno apuntó.

Tercera semana: el Cordialómetro promedió 95%.

Dado el cambio radical del clima familiar, la actividad se mantuvo de manera natural y quedó como regla de la casa decirse lo positivo con frecuencia cuando así lo observaran.

Los jóvenes comentaron su sorpresa al enterarse de que sus hermanos, lo mismo que sus papás, tenían opiniones positivas de ellos en aspectos que ni sospechaban. Según ellos, esto los motivaba y les llevaba a querer agradecer lo bueno que tenían.

La cordialidad y el ambiente de paz se han mantenido en promedio después de un seguimiento de tres años.

Estudio de caso #4

"No presto mi coche a fumadores"

Antecedentes

En casa hay un coche viejo que ya nadie usa. Javier, de 17 años, se muere por activarlo y usarlo. Gerardo, su papá, ve con buenos ojos que su hijo empiece a conducir. Sin embargo, al leer los resultados de una investigación, se entera de que si en los primeros años de la juventud se impide que la persona adquiera el hábito de fumar, será muy difícil que lo haga en años posteriores. Es decir, si a los 24

años no adquirió ese patrón fumador, ya es casi seguro que nunca lo desarrolle. Este dato le sirve para establecer un diálogo y negociación con su hijo, a quien ha visto inquieto por tomar un cigarrillo por aquí y por allá.

Gerardo sabe que utilizar un fuerte motivador como es el coche para su hijo puede ayudarle a evitar uno de los grandes peligros para el resto de su vida, y es el momento de hacerlo.

Definición del ideal

Hábito saludable de pulmones sanos y equilibrio general, más ejercicio cuatro veces a la semana.

Definición de la realidad

Fuma algún cigarrillo unas dos veces a la semana (apenas hay indicios del hábito), hace ejercicio una vez a la semana y sí hay equilibrio en cuanto al alcohol.

Señalización

Por aquí sí

Una vez que se le dan al adolescente lecciones de conducir, se tramitan los documentos legales para poder transitar y se pone el coche en buen funcionamiento, acuerdan que Jaime lo utilizará cada día, si y sólo si, no hay aliento a cigarro, no trae cigarros con él y en el coche no hay señales de tabaco. Se pone en éste el letrero "auto de no fumadores" y también queda prohibido que sus amigos fumen en su interior. No es un carro de fumar. Si se logra una semana sin tabaco, hay un 10% extra para gasolina.

Por aquí no

Si se encuentra cualquier señal de haber fumado, tabaco en el carro o en la ropa, etc., se suspende el uso del vehículo por tres días y se entabla un diálogo sobre las desventajas de fumar para la salud, sin

reproches o insultos, documentándose sobre los hechos acerca de este pésimo hábito. Si se renueva con sinceridad la intención de no fumar, tres días después se podría dar otra oportunidad. Una reincidencia llevaba a seis días de prohibición y una más, a un mes.

Representación visual

No se usó.

Internalización

Sólo hubo un caso de suspensión de tres días y se renovaron los votos de cumplimiento.

A cinco años de seguimiento, no se ha adquirido el hábito de fumar y han mejorado el hábito del ejercicio y la dieta.

Estudio de caso #5

"El cinturón de papito"

Antecedentes

Alberto, de dos años y medio, en ocasiones pasa más de 48 horas sin ir al baño a defecar. Esto preocupa a sus papás por los peligros que encierra. Tras haber consultado, saben que no hay razón médica para ello y, sin quererlo, presionan al niño. Incluso a veces lo encuentran encerrado en el closet haciendo esfuerzos por no ir al baño. No demuestra tener un miedo especial por hacerlo, simplemente se ha creado un círculo tenso de contención y evitación.

Definición del ideal

Visitar el baño y defecar en el lugar apropiado para él, todos los días de la semana.

Definición de la realidad

Sí lo hace, pero no diario, aproximadamente tres veces por semana.

Señalización

Por aquí sí

Los papás dejaron de comentar el asunto y presionar a su hijo. Sencillamente, si se acercaba a la taza y hacía algún intento de obrar, lo felicitaban, le ponían una estrella en un arbolito diseñado para ello (él mismo podía pegarla) y lo invitaban a sacar algo de la caja sorpresa.

Si lograba llenar el arbolito con estrellas, le darían un cinturón como el de papito, que le gustaba mucho.

Por aquí no

No se implementó señalización negativa.

Representación visual

Árbol con estrellas y el cinturón arriba del árbol, en el pináculo.

Internalización

Después de que ganó el cinturón de papito, se suspendió el programa de estrellas y festejos.

Resultados

Primera semana: logró cuatro visitas para obrar en el lugar adecuado.

Segunda semana: cinco visitas.

Tercera semana: siete visitas y consiguió el cinturón de papito.

Cuarta semana: siete visitas.

A cinco años de seguimiento, el problema jamás volvió a presentarse.

Estudio de caso #6
"Mi diplomado en casa"

Antecedentes

A Jorge N., vendedor de autos, le inquietaba que su hijo Jorge Jr., de 10 años, a quien notaba pesimista y poco seguro de sí mismo, a veces decía cosas abiertamente negativas sobre su persona y no expresaba sus enojos. Como el papá estaba muy ocupado, la mamá, quien también trabajaba, hizo el siguiente plan.

Definición del ideal

Incrementar a tres o cuatro veces a la semana los comentarios positivos sobre sí mismo.

Disminuir a cero los comentarios negativos que Jr. expresara sobre su persona.

Aumentar el número de frases de esperanza sobre los eventos futuros de Jr. (por lo menos tres a la semana).

Incrementar las expresiones de sus sentimientos de incomodidad, lo mismo que sus peticiones, abiertamente, sin ofender y con propósito de solución.

Definición de la realidad

Los comentarios positivos sobre sí mismo eran prácticamente nulos. Los comentarios negativos se daban casi a diario.

Las frases de esperanza sobre eventos futuros eran cero.

La expresión de incomodidad prácticamente se hacía sólo cuando era requerida, y tampoco planteaba peticiones.

Señalización

Por aquí sí

El papá adquirió los libros *Descubro la autoestima*, *Descubro el optimismo inteligente* y *Descubro la comunicación efectiva y saludable*, del mismo autor y la misma editorial, y dividió los tres libros en 30 unidades de aprendizaje.

Jorge Jr. tenía la tarea de leer una unidad, explicársela a su papá y hacer los ejercicios sugeridos en ella, mismos que presentaba al llegar del trabajo su papá o su mamá. Si esto se cumplía cuatro días a la semana, Jr. obtenía un cuadro de excelencia en su mapa de registro. Por cada día logrado, Jr. tenía un pase con privilegios acordados que se acumulaban para el fin de semana. Si conseguía una semana perfecta, el niño ganaba un festejo extra y podría invitar amigos el fin de semana.

Si terminaba con éxito las 30 unidades, su papá y su mamá le harían una fiesta con amigos y familiares muy queridos, en la que explicarían sus logros y le darían un diploma de superación personal creado por ellos. Además del festejo, Jr. podría comprar los tenis que tanto quería.

Por aquí no

No se implementó nada al respecto. Simplemente no se daban los festejos prometidos.

Representación visual

Se hizo un mapa de un universo y Jr. iba marcando, por cada unidad completada, un avance en la galaxia que él mismo elaboró, hasta llegar al universo "Tenis".

Internalización

Una vez terminadas las 30 unidades, el programa se suspendió. Sin embargo, Jr. tiene ahora planes por sí mismo para seguir su superación personal con otros proyectos.

Resultado

Jr. mejoró notablemente, dando los resultados esperados desde la primera semana hasta el final. Por ejemplo, se le pidió que cada semana dijera tres cosas positivas de él, expresara un desacuerdo o pidiera algo y manifestara ideas positivas sobre cómo podría ser el futuro para él (frases de esperanza).

Aplicó las unidades y representó los ejercicios a sus papás, quienes también aprendieron de los libros y se divirtieron mucho. El humor de Jr. ha cambiado mucho: ahora es más expresivo con sus amigos y los invita a pensar con optimismo inteligente. Su papá me comentó que ha emprendido muchas reflexiones que rompen sus expectativas de profundidad y conciencia, es más directo y seguro en decir lo que le gusta y no le gusta. Jr. quiere cooperar más en casa y seguir creciendo con planes nuevos. El proceso también ha despertado algarabía en sus papás, que ya se sienten "padres efectivos", cuando antes andaban confundidos y en la zozobra. En la fiesta del diploma con sus amigos y familiares, Jr. dijo algo que impactó a todos: "¡Gracias por darme caminos para ser mejor, todos podemos serlo un poquito cada día!".

El diálogo y la comunicación en la familia aumentaron significativamente y siguen disfrutando muchos efectos secundarios positivos de la experiencia. La mamá me dijo que no se había dado cuenta de que utilizaba frases pesimistas que no servían para nada, las cuales ahora evita y cambia.

Estudio de caso #7

"Rezago en la secundaria"

Antecedentes

Melisa, de 14 años, trae de cabeza a su mamá. Ya reprobó un año y en tercero de secundaria parece que volverá a hacerlo. La mamá está muy preocupada porque sabe que esto puede representar una amenaza para que siga estudiando y vaya a la preparatoria.

La actitud de Melisa refleja varios problemas, ya que, aun siendo talentosa, su energía la desplaza en conflictos y diversiones. Ya se le hizo un diagnóstico psicológico, en el cual sólo se encontraron, precisamente, problemas de actitud.

El papá no interviene y sólo grita para que ocurran las cosas, sin dar seguimiento; prefiere dejarle el plan a su esposa.

Definición del ideal

Incrementar a 95-100% las tareas entregadas a tiempo.

Aumentar a 95-100% las actitudes positivas ante los problemas, observando y elaborando la oportunidad ante un conflicto.

Salvar el año escolar con promedio de 8.

Definición de la realidad

Entregas de tareas bien y a tiempo, 40%.

El conflicto se remarca una y otra vez, la queja es lo que manda, no se ven opciones constructivas.

Va a la mitad del año con promedio de 6.00.

Señalización

Por aquí sí

La mamá tuvo un diálogo de "corazón a corazón" con su hija, manifestando su profundo deseo de ayudarla, pidiéndole que considerara seriamente su futuro. Se escuchó lo que realmente quería y llegaron a los siguientes acuerdos propositivos, con sus correspondientes señales.

1) Melisa y su mamá repasarían el libro *Elige la actitud positiva*, del Sistema Kubli para jóvenes, y verían qué actitudes había que mejorar. Esto lo harían con ánimo de búsqueda de causas y soluciones, sin reproches. Elaboraron la regla "De ahora en adelante, en esta casa todo conflicto es una oportunidad y nos

concentraremos en ellas". Por cada actitud mejorada se felicitaban mutuamente y analizaban los resultados.

2) Por cada día que Melisa entregara la tarea a tiempo y bien hecha, según reporte del maestro, tendría acceso a Internet y a jugar en lo que a ella le gustaba. Si lograba cuatro días de la semana como mínimo, podría ir a fiestas el fin de semana. (Cabe decir que la propia Melisa sugirió estas condiciones y se hizo un pacto de confianza, pero con verificación.)

3) Si Melisa mejoraba sus calificaciones promedio de exámenes parciales y finales a 8 o más, tendría la oportunidad ir de vacaciones a visitar a sus primas en Guadalajara.

Por aquí no

Las señales estaban implícitas en las anteriores. Y si se fallaba por día o semana, habría diálogo urgente entre ella y su mamá para revisar los incumplimientos, de buena fe y sin acusaciones, pero tampoco con evasiones o se revisarían las actitudes que definieron como elegibles para mejorar.

Representación visual

Melisa elaboró en su *tablet* un dibujo en el que marcaba los avances y porcentajes de mejora en forma muy original.

Resultados

Tres primeras semanas: se presentó una notable mejoría.

Cuarta semana: no se logró el 100% de tareas completadas, sólo 80%. Se aplicaron las reglas para este caso y corrigió las siguientes semanas.

Su liderazgo en la escuela subió y ganó más amistades.

Melisa aprobó el año con 81 de promedio y fue a Guadalajara. Las relaciones en casa mejoraron notablemente y las actitudes ahora son mucho más positivas. La mamá comentó: "Ahora, en lugar de quejarnos, cada uno de nosotros ¡da propuestas de solución!".

Estudio de caso #8

"Todos en la familia ganamos con nuestro plan"

Antecedentes

La familia R. diseñó un plan de hábitos positivos para todos sus miembros: el papá (Aurelio), la mamá (Carla) y sus dos hijos (Beatriz, de 11 años, y Mario, de nueve). Cada uno encontró algo que requería mejorar y, aunque la convivencia era buena y se cumplía con los factores básicos, no quisieron dejar pasar la oportunidad de crecer un poco más, por lo que se propusieron individualmente la mejora en ese aspecto identificado y plantear un ideal de desarrollo. Cabe decir que hasta los abuelos se incorporaron al plan en la forma que explicamos.

Definición del ideal

Mamá: "Incrementar 98% la compra de productos sin azúcar o no chatarra en el súper durante los siguientes tres meses".

Papá: "Preguntar por qué no ha sucedido algo que debieron hacer mis hijos, sin alzar la voz, y llegando a un acuerdo con ellos durante los próximos seis meses".

Hija: "Asistir a clases de teatro por las tardes y terminar el ciclo con éxito".

Hijo: "Hacer 30 minutos de caminata por lo menos cuatro veces a la semana".

Definición de la realidad

Mamá: Carla descubrió que casi en 100% de las visitas al súper compraba muchos alimentos calóricos vacíos, productos azucarados y chatarra para la casa. Y si hay una oferta, compraba más, lo que afectaba la dieta de todos.

Papá: Aurelio descubrió que tendía a reaccionar como lo hacía su padre y cuando veía incumplimiento, rápidamente lanzaba amena-

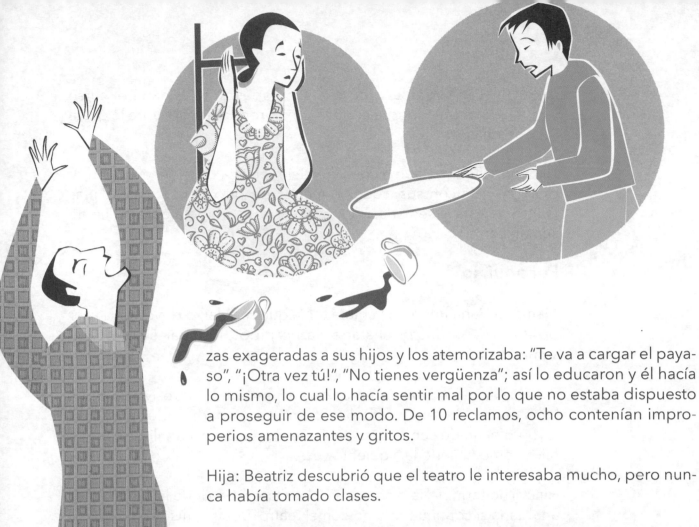

zas exageradas a sus hijos y los atemorizaba: "Te va a cargar el paya-so", "¡Otra vez tú!", "No tienes vergüenza"; así lo educaron y él hacía lo mismo, lo cual lo hacía sentir mal por lo que no estaba dispuesto a proseguir de ese modo. De 10 reclamos, ocho contenían impro-perios amenazantes y gritos.

Hija: Beatriz descubrió que el teatro le interesaba mucho, pero nun-ca había tomado clases.

Hijo: Mario no hacía ejercicio, más que el mínimo exigido en el cole-gio; no tenía sobrepeso pero estaba cercano a los límites.

Señalización

Por aquí sí

Mamá: cada vez que iba al súper, si cumplía con la meta, calculaba el ahorro obtenido; si lograba mantenerse así por un mes, podría gastar la mitad de lo ahorrado en productos de belleza para su hija y para ella. La otra mitad se entregaría al papá y al hijo para que hicieran lo que quisieran con eso (aquí tenemos una manera inge-niosa de motivar a todos al cumplimiento).

Papá: cada vez que Aurelio reaccionaba constructivamente como se definió, anotaba en su diario una señal de cumplimiento. Si llegaba a un mes de 95% señales de cumplimiento, haría una carne asada con sus amigos para celebrar.

Hija: según acordó con sus papás, si terminaba el curso con éxito, podrá comprar una prenda de ropa que le gusta mucho.

Hijo: por cada vez que hiciera ejercicio tendría derecho a jugar media hora más con sus videos o juegos de otro tipo. Si lograba las cuatro veces a la semana, podría invitar a un amigo a pasar el fin de semana en su casa.

Por aquí no

Mamá: si Carla infringía la meta tenía que regalar, o devolver de ser posible, los productos chatarra y azucarados, los cuales no se consumirían en casa.

Papá: si Aurelio cometía un error y acusaba con agresividad a sus hijos, se impuso el recordatorio de no ver el partido de su equipo favorito el fin de semana, además de disculparse y analizar con sus hijos cómo hacerlo la siguiente vez.

Hija: si no terminaba o no asistía a las clases, perdería la prenda y se analizaría si continuaba o no con el teatro. Beatriz misma se impuso el recordatorio de pagar de su domingo el 50% del costo del curso, descontándose cada semana.

Hijo: si no cumplía con el ejercicio, no tendría acceso a sus juegos ese día, sobre todo si ya no le quedaban días para llegar a cuatro a la semana. Y perdería el permiso de invitar a su amigo el fin de semana o ir con él.

Representación visual

Hicieron una gráfica que pegaron a la pared con nombres y cuadros; en ella se marcaba exclusivamente el cumplimiento:

La mamá reportaba cada semana el monto ahorrado por repartir al evitar al máximo los productos elaborados con harina, los grasosos y los chatarra, para comprar con más calidad productos saludables.

El papá se anotaba una flecha de acierto cada vez que dialogaba con sus hijos en forma prudente y constructiva en lugar de regañarlos soezmente.

La hija anotaba cada clase a la que asistía.

El niño dibujó la figura de un atleta, le sacó copias y pegaba una cada vez que hacía ejercicio.

Internalización

Me da gusto compartir este caso porque hubo resultados fantásticos de unidad y mejora. No sólo se lograron las metas, durante los seis meses que duró el plan familiar, sino que hubo ganancias extra. La mamá añadió tomar, junto con la abuela, un curso de cocina saludable y vegetariana; aprendió a ser inteligente y productiva para comprar lo saludable, al grado que comenzó a asesorar a su comunidad.

El papá se sintió mucho mejor y su padre, el abuelo, al ver esto, hizo un gran esfuerzo por no regañar a los nietos de manera desagradable cuando convivían.

El niño excedió la meta del ejercicio y empezó a correr en lugar de caminar. La chica terminó con éxito las clases que se propuso y abundó en sus habilidades de actuación, lo que la benefició en el área social.

¡A los seis meses quedaron de renovar el plan con otros comportamientos a desarrollar que instituyeron!

Suele suceder que los cumplimientos exitosos llaman a otros que se dan ya sin sistema y automáticamente, como diálogos más abiertos, interés en el deporte, calidad en la nutrición, etc. —como se observa con claridad en esta familia— y que van más allá de las propuestas iniciales. Así se crea una "cultura de círculos virtuosos", integración y calidad humana, en la que el amor se ejercita con hechos efectivos cada día.

Cabe hacer notar que, como en este caso, los abuelos bien pueden incorporarse a las reglas de señalización y a la formación de hábitos, sobre todo tomando en cuenta que ellos acostumbran pasar horas cuidando a los nietos porque los papás tienen que trabajar. A veces los abuelos enseñan a los nietos que todo está bien y brindan su abundancia de sentimiento, pero sabemos que esto puede ser perjudicial; es mejor ordenar este amor para al mismo tiempo lograr un buen desarrollo de las capacidades de los pequeños o jóvenes.

Estudio de caso #9

"Se acabaron los pleitos y agresiones. Habilidades de comunicación"

Antecedentes

Rosy y Rafael, padres de Roberto y Ricardo, de 9 y 10 años, y de Rubí, de 11, están desesperados con los pleitos y ofensas constantes de todos contra todos. Aunque la niña no da golpes físicos ni tampoco los recibe, sabe muy bien cómo provocar a los hermanos verbalmente, sembrando disputa y veneno. Por su parte, ellos se lían a golpes casi todos los días, y hay lluvia de disputas y acusaciones. Se piden las cosas mandando sin tolerancia y se humillan.

La decisión de los papás era ferviente y total, no querían caer en las justificaciones y dejar pasar la situación con frases como "Todos los hermanos se pelean", "Es la edad", "Ya pasará", dándose cuenta de que no mostraban habilidades positivas y se corría el riesgo de llegar a niveles hasta peligrosos. ¡Cero tolerancia al golpe físico y verbal!

Definición del ideal

Lograr días en paz y convivencia cordial el 95-100% del tiempo, durante un mes.

Definición de la realidad

0-1 día en paz a la semana.

Señalización

Por aquí sí

Se estableció que las cosas deberían cambiar y se acordó lo siguiente.

Por cada día en paz (ausencia de pleitos, insultos y gritos o disputas), se marcaba un "día amoroso", que cada uno tendría alguna manera de festejar con actividad extra el día que se eligiera. Ellos sugirieron jugar un poco más, ver películas juntos, comentar las bondades y beneficios de la paz con los papás y un agradecimiento verbal de cada uno a cada uno de los demás por contribuir a la paz.

Juntos leyeron el libro *Descubro la comunicación efectiva y saludable*, del mismo autor, Árbol Editorial, y practicaron en vivo cómo expresar desacuerdos o malestares sin ofender siguiendo las recomendaciones en él presentadas. Al terminar de leer el libro y realizar los ejercicios incluidos, Rafael ofreció que celebrarían con algo que ellos quisieran; cada uno pidió lo que deseaba. En el proceso, se permitiría expresar desacuerdos o molestias, pero con las fórmulas claras de respeto que fueran aprendiendo. Al final de cada

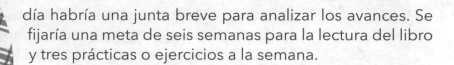

día habría una junta breve para analizar los avances. Se fijaría una meta de seis semanas para la lectura del libro y tres prácticas o ejercicios a la semana.

Si se lograban cuatro semanas perfectas (seis días en paz por semana, el domingo no contaba en el registro), cada uno de los hijos festejaría con actividades agradables elegidas por ellos mismos y autorizadas por los papás. Se estableció en concreto el festejo para cada uno. Si no se cumplía con la meta, el evento simplemente se posponía para la siguiente semana. Tenían que hilvanar cuatro semanas.

Por aquí no

Por cada evento de insulto o agresión verbal o física, sin averiguación, los tres perdían los privilegios durante ese día de ver televisión o usar el celular o *tablet* e Internet. Además, para recuperarlo al día siguiente, tenían que presentar una reflexión por escrito ese mismo día diciendo por qué sucedió el evento y lo que proponían para que no volviera a suceder.

Se involucró a todos por igual porque, como ya se mencionó, los papás se dieron cuenta de que Rubí, aunque no golpeaba físicamente, participaba en las provocaciones y frases de envenenamiento de las relaciones. Por tanto, para evitar injusticias al hacer averiguaciones que no resultan fáciles, todos eran responsables de mantener las relaciones pacíficas entre ellos.

Si había reincidencia, el mismo día se les separaba por 30 minutos y se les ponía en un lugar aburrido para dejar el cual tenían que presentar el escrito (por qué ocurrió el pleito y qué puedo hacer para evitarlo en el futuro). Esto se haría cada vez que se pelearan.

Se arriesgaban a perder permisos para salir el fin de semana, si no cumplían con cuatro días de paz como mínimo. Y se posponía el evento mensual con el que cada uno pensaba celebrar.

Se colocó una cartulina en la cocina, en la cual se marcaban los días en paz y los tres ejercicios de comunicación realizados a la semana. El papá les dio una sorpresa agradable e inesperada por cumplir haciendo los ejercicios.

Internalización

La primera semana se logró que hubiera paz por cuatro días; la segunda, seis; la tercera, cinco, y la cuarta, seis.

Fue tanto el cambio que se hizo el festejo de fin de mes; también celebraron terminar el libro a las seis semanas y haber realizado los ejercicios recomendados. Después de dos meses, el clima familiar cambió radicalmente, sin sistema; el comportamiento agresivo sólo se presentaba muy esporádicamente y en esos casos se encontraba la manera adecuada de expresar los malestares con respeto.

Hubo muchas mejoras adicionales: empezaron a convivir más, a integrarse y mejorar en áreas que ni siquiera se habían calculado. ¡Los papás se sintieron felices de estar ya en otro nivel!

Estudio de caso #10

"Trabajo en equipo en casa"

Antecedentes

Alicia está abrumada por tanto desorden en casa, al cual contribuyen todos. Tanto sus dos hijos, de 12 y 13 años, como Francisco,

su marido, están mal acostumbrados a que Alicia acaba haciendo todo. Los niveles a los que se ha llegado son inquietantes, con frecuencia tiran todo en cualquier lugar sin ocuparse de sus cosas.

Se concibió una visión de equipo en la que todos contribuirían a tener la "casa ordenada" y compartir responsabilidades como lavar platos, poner la mesa, tender camas, limpiar sus zapatos, poner la ropa sucia en su lugar, ordenar sus cajones y sus áreas de diversión y trabajo en su cuarto. Se asignó a un responsable de cada tarea y los roles se cambiaban pero todos aportaban, quedaron de ayudarse mutuamente a recordar el cumplimiento de cada uno.

Es muy fácil formar los comportamientos de orden desde los primeros dos o tres años e ir asignando responsabilidades de cooperación en casa, de tal manera que después se vuelva natural y habitual. La señalización por qué sí y por qué no nos ayudará a hacerlo divertido y con sólidos resultados.

Definición del ideal

"Casa ordenada, familia ordenada" 95% del tiempo y 95% de cumplimiento en los requisitos de orden.

Definición de la realidad

Sólo se cumple con 10% de los 10 "productos de orden" establecidos:

1. Platos lavados después de comer y cenar
2. Ropa sucia en el cesto adecuado
3. Zapatos limpios
4. Cajones en orden
5. Cama tendida
6. Artículos del baño en el lugar adecuado (papel, pasta, jabón…)
7. Mesa puesta para comer
8. Alimentos guardados en el lugar adecuado, cereales, cosas frías, etc.
9. Escritorio ordenado después de terminar la actividad
10. Fuentes de energía correctamente apagadas al final del día

Señalización

Por aquí sí

Se llevó un registro de actividad y el responsable de la misma. Cada semana cambiaban papeles, aunque había algunas que eran responsabilidad directa y permanente de cada uno de ellos. Si el registro era de cumplimiento al día del 95-100%, los hijos podían pedir, por turnos, la comida que más les gustara, siempre y cuando fuera saludable. Alicia la preparaba y así festejaban el acontecimiento.

Si lograban cinco días a la semana (sábados y domingos no se registraban, aunque se comprometieron a cumplir también el fin de semana), cada uno tendría una manera de festejar que eligió y que los papás apoyaban. Si lograban acumular cuatro semanas perfectas (cinco días a la semana), disfrutarían en equipo algo que les gustara a todos, además de sorpresas extra para cada uno.

Usaron frases instigadoras de los buenos hábitos y varios recordatorios en casa, por ejemplo, "Pon el papel en el cesto".

Por aquí no

Si en el día no había cumplimiento al 95-100%, perdían el privilegio de ese día y restaban diversiones para el siguiente, todos en equipo (sin televisión, sin música…), y buscarían cómo mejorar para el siguiente día y cómo apoyarse. Se evitaron las reprimendas y acusaciones.

Representación visual

Hicieron un ingenioso registro que marcaba un sonido cada vez que había un cumplimiento. Pusieron una campana de cumplimiento –como hacen algunas agencias de ventas cuando un comprador se atreve a comprar– por cada producto de orden que hacían; esto los divertía y motivaba.

Internalización

La primera semana se lograron cuatro días y las siguientes cuatro semanas, cinco días. Esto los llevó al festejo.

El siguiente mes dejaron el registro y las señalizaciones, y se mantuvo el orden en 90%. Los papás aseguran que el nivel actual, si bien no es perfecto, ya es confortable. Esto también ha reforzado su integración familiar y el que se consideren como un equipo en el que todos se necesitan y cada uno debe responder por algo. A lo largo del tiempo, los cambios logrados han favorecido que cada uno, en forma independiente, cumpla con lo que le corresponde de otros requisitos.

Capítulo 13

Elaboración de tu proyecto... contestando las siguientes preguntas

*En casa se antoja consentir a nuestros
hijos y reducir al máximo sus malestares,
lo cual es loable y amoroso, pero es
necesario mantener un sano equilibrio.*

JEKA

Definición del ideal ||||||||||||||||||||||||||||||||||||||||||||||||||||||||||||||||

Define el ideal y contesta las siguientes preguntas:

- ¿Es preciso, observable, medible y entendible por todos?
- ¿Se puede ejemplificar?, ¿demostrar?, ¿modelar? ¿Podría nuestro hijo(a) explicarlo o demostrarlo?
- ¿Se puede poner un plazo?
- ¿Es un comportamiento o producto del comportamiento claro, de tal manera que midamos el resultado sin ambigüedades?

    (Por ejemplo, "hacer la tarea *vs* tarea terminada y bien hecha".)

A lo largo del libro ya has elaborado algunos planteamientos de los métodos formadores. Aquí revisaremos, a manera de guía, las principales preguntas que deberás contestar en cada paso para que, de manera fina y certera, emprendas un plan exitoso.

- ¿Lo que queremos es realista y se puede conseguir en el lapso de tiempo que proponemos?
- ¿Conviene partirlo en metas y submetas y avanzar gradualmente?
- ¿Tenemos la voluntad, entereza y confianza para renovar nuestros propios hábitos para formar hábitos? ¿Estamos motivados a motivar?

Definición de la realidad

- ¿Tenemos una base objetiva de la cual partir?
- Si la base es muy evidente ¿podemos empezar ya o hay que medir durante algún tiempo?
- ¿Aceptamos la realidad tal cual es y vemos que cualquier avance es bueno y festejable?
- ¿Estamos dispuestos a tener paciencia y ver cómo va ocurriendo el comportamiento?

Señalización

- ¿Estamos dispuestos a aplicar las reglas tal cual son, sin cambiarlas, cada vez que ocurra la conducta?
    (Es decir, ¿hay congruencia?)
- ¿Hay inmediatez en la consecuencia tanto en el "por aquí sí", como en el "por aquí no"?
- ¿Está siempre acompañado el "por aquí no" con un "por aquí sí"?
- ¿La señalización es claramente comprendida por nuestros hijos? ¿Podrían explicarla?

- ¿Se describe la conducta en términos positivos, es decir lo que queremos que ocurra, lo que vamos a ver como acierto, o la actitud adecuada?
    (Por ejemplo, "no mojar la cama vs cama seca".)
- ¿Requerimos asesoría antes de comenzar dada la naturaleza del problema?
    (Muchos problemas, aun cuando intervenga un aspecto médico o de otro tipo, pueden solucionarse y generar beneficios adicionales si se hacen señalizaciones adecuadas y se brinda competencia y motivación. Por ejemplo, en la depresión, incluso si se toman medicamentos, para ello, se puede mejorar en forma más permanente si además se cultivan los pensamientos optimistas inteligentes en contra de los pesimistas.)

- ¿Participan ellos con sugerencias, aunque tú tengas la responsabilidad y el liderazgo principal?
- ¿Tienes una buena colección de festejos para el día, la semana y el mes en caso de cumplimiento?

  (Considera varias actividades, aspectos sociales y materiales, además de la motivación por el logro y el orgullo de cumplir.)
- ¿Tu señalización requiere el entrenamiento simultáneo en alguna habilidad o competencia para fortalecer el hábito, y muestra concretamente cómo hacerlo?

  (Por ejemplo, enojarse se puede, pero ¿sé decirlo sin ofender? ¿Tengo métodos que practico y conozco?)

- ¿Hay posibilidad permanente de renovarse y volver a alcanzar el festejo al día siguiente después de la aplicación de un "por aquí no"?

  (Por ejemplo, este día perdí la caja sorpresa, pero mañana puedo alcanzarla.)
- ¿Se evitan los castigos ejemplares y permanentes sin recuperación por día y el acoso o la humillación?
- ¿Hay alguien que pueda apoyar la señalización de alto valor para mi hijo o hija (un tío, el padrino, los abuelos que lo feliciten por sus logros)?

  (Siempre que sea posible, aplíquese también: ¿hay señales que ayuden en el camino para que se forme el hábito si son necesarias?)

Representación visual

- ¿Participan tus hijos en la elaboración de la representación visual y marcan sus propios aciertos?
  (Es importante que esto sea así siempre que se pueda.)
- La representación ¿mide confiablemente los aciertos?
- ¿Es motivacional y agradable?
- ¿Se evita poner taches y señales negativas?
- ¿Se puede mostrar a los demás si es agradable?
  (De no ser así, manéjese en privacidad y con respeto, por ejemplo, "cama seca")
- ¿Es fácil y permite la objetividad?

Internalización

- ¿Los resultados se obtienen y perduran como para abandonar el sistema?
- ¿Hay beneficios adicionales?
- ¿Pueden usarse estos métodos ahora para otras acciones o productos?
- ¿Hay ventajas secundarias y ambiente familiar en mejora continua?
- ¿Se practica la calidad humana con el ejercicio diario de amar con hechos como cultura familiar?
- ¿Están bien establecidas las reglas de la casa y se fomenta la felicidad, salud y desarrollo del talento de todos los miembros de la familia?
- ¿Son el amor, el equilibrio y el entendimiento las estrellas por alcanzar permanentemente en el seno familiar?
- ¿Nos apasiona el bienestar del otro y así procedemos? ¿Nos apasiona también nuestro propio bienestar en equilibrio?

¡Felicidades!

Reflexión final

Muchas veces cuando educamos a nuestros hijos sólo transmitimos lo que nos enseñaron a nosotros; eso es natural porque es lo acostumbrado, pero no es lo deseable ni lo "normal".

Es decir, los padres estamos para "dejar huella" y hacer todo lo posible para crear un reino diferente y mejor. Esa es la lucha y esa es la dirección. Si lo conseguimos, ellos siempre se darán cuenta... y harán lo mismo con sus hijos. Entonces, nosotros podremos descansar y decir "en verdad valió la pena".

E.J.A.K.

Índice de ejercicios

Índice general